Bwthyn Lisi Meri

Gwenno Hywyn

Gwasg
Gwynedd

Argraffiad cyntaf—Rhagfyr 1988

ISBN 0 86074 036 6

© Gwenno Hywyn 1988

Dymuna'r cyhoeddwyr gydnabod cymorth a chyfarwyddyd
Adrannau'r Cyngor Llyfrau Cymraeg a noddir
gan Gyngor Celfyddydau Cymru.

Argraffwyd gan Wasg Gwynedd, Caernarfon

Pennod 1

Pwysodd Gwen ei thrwyn yn erbyn gwydr oer ffenest y trên a syllodd ar y caeau a'r tai yn rhuthro heibio. Doedd hi ddim yn eu gweld yn iawn. Brathodd ei gwefus a throdd ei hun yn ei sedd yn ofalus a distaw fel bod ei chefn at ei chwaer fawr, rhag i honno weld ei hwyneb.

"Does dim rhaid imi boeni 'chwaith," meddai wrthi'i hun. "Mae Bethan ar goll yn ei llyfr eto. Fasai hi ddim yn sylwi tasai'r trên 'ma'n ffrwydro."

Syllodd drwy'r ffenest. Erbyn hyn roedd y trên yn gwibio heibio i barc a chafodd Gwen gip sydyn ar deulu'n mynd am dro – y fam a'r tad a'u breichiau am ei gilydd a dau blentyn yn rhedeg o'u blaenau.

Braf arnyn nhw, meddyliodd a chaeodd ei llygaid am funud. Fu'r pythefnos yn Sbaen yn fawr o hwyl – Bethan yn gwneud dim ond darllen a Mam a Dad yn gwneud dim ond pigo ar ei gilydd yn flin. Pwysodd Gwen yn galetach yn erbyn y gwydr wrth gofio'r noson olaf, ddeuddydd yn ôl, pan aeth y pigo a'r sibrwd ffyrnig yn ffraeo go iawn. Roedd Bethan, hyd yn oed, wedi sylwi bod rhywbeth o'i le bryd hynny. Roedd y ddwy wedi gorwedd yn hollol lonydd yn eu gwelyau yn gwrando ac yn ceisio peidio â gwrando ar yr un pryd.

Fore trannoeth, wrth gwrs, roedd Dad a Mam yn cymryd arnynt nad oedd dim wedi digwydd. Ond fedren nhw ddim twyllo Gwen. Hyd yn oed os oedd Bethan yn fyddar i'r straen yn llais Mam, roedd hi'n ei glywed yn iawn. Ac yn yr orsaf yn Llundain y bore 'ma, a'r ddau'n gwneud eu gorau i swnio'n hwyliog wrth roi'r merched ar y trên i fynd i Gymru, gwyddai Gwen nad oedd Mam a Dad yn teimlo'n gyfforddus gyda'i gilydd.

"Mi ddo i i'ch gweld chi dros y Sul cyn hir. Mi fydd Dad yn brysur," meddai Mam mewn llais bach tynn ac, wrth gofio hynny, cododd Gwen ei llaw yn slei i rwbio'i llygaid. Byddai'n braf anghofio am y cwbl ac ymlacio yn sgwrsio cynnes Nain a Taid.

Yn sydyn, teimlodd bwniad yn ei chefn a throdd i wynebu Bethan oedd yn pwyso drosodd ati.

"Yli del ydi honna!" sibrydodd ei chwaer fawr. "Rydw i'n siŵr mai actores ydi hi, neu fodel hwyrach!"

Yn y gornel bellaf oddi wrth y ffenest, eisteddai merch tua phump ar hugain oed. Edrychodd Gwen arni drwy gil ei llygaid ac roedd yn rhaid iddi gyfaddef bod Bethan yn llygad ei lle y tro hwn. Roedd y ferch yn ddel, yn ddel iawn. Roedd ganddi wallt melyn hir, nid annhebyg i wallt Gwen ei hun ond ei fod yn sgleinio fel sidan ac yn hollol daclus, pob blewyn yn ei le.

"Edrych ar ei dillad hi. Efallai'i bod hi'n dywysoges. Ac mae hi'n drist. Rydw i'n siŵr ei bod hi wedi cael ei hel o'i theyrnas"

Roedd Bethan yn dal i bwyso ymlaen a'i llygaid yn pefrio fel y byddent bob amser pan oedd hi ar drywydd stori ramantus. Taflodd Gwen gipolwg arall i gyfeiriad y ferch. Oedd, roedd Bethan yn iawn. Roedd y ffrog wyrddlas yn edrych yn un ddrud. Ac roedd y ferch yn drist. Roedd hi'n edrych yn syth o'i blaen a phoen yn llenwi'i llygaid. Daliai'i phen yn llonydd fel delw ond doedd ei dwylo ddim yn llonydd. Roedd hi'n chwarae'n ddi-baid â modrwy fawr ar un o fysedd ei llaw chwith, yn troi'r cylch aur a'r garreg fawr las yn ôl ac ymlaen fel pe bai mewn breuddwyd. Oedd, meddyliodd Gwen, roedd y ferch yn hardd ac roedd hi'n drist hefyd. Ond tywysoges wir!

"Does ganddi hi ddim coron," sibrydodd, a cheisiodd guddio'i chwerthin wrth weld Bethan yn pwyso'n ôl i'w chornel a golwg wedi pwdu arni. Teimlai Gwen yn well o'r hanner. Roedd hi'n edrych ymlaen at dair wythnos o wyliau efo Nain a Taid – cael helpu yn y siop, mynd am dro i'r traeth a threulio oriau difyr yng ngardd Gorwel efo'i hen-daid, Capten Mathews.

"All change, please! All change, please!"

Roedd y trên wedi aros mewn gorsaf fawr a chododd Gwen i helpu Bethan i dynnu'r ddau gês o'r rac uwchben y seddau. Teimlai'r ddwy braidd yn nerfus wrth gario'r cesus o'r trên ac i le bwyta mawr yr orsaf. Gwyddent fod ganddynt hanner awr cyn dal y trên am Abergwynant, y dref agosaf at Faeheli, ac roedd Mam wedi rhoi arian iddynt i gael brechdanau a diod yn yr orsaf. Ond hwn oedd y tro cyntaf iddynt deithio ar eu pennau'u hunain a theimlad annifyr iawn oedd bod mewn lle mor brysur yng nghanol pobl ddieithr.

Aeth Bethan i nôl y bwyd ac eisteddodd Gwen i warchod y cesus. Roedd y ferch yn y ffrog wyrddlas yno hefyd ac wrth fynd heibio i Gwen at fwrdd bach wrth y ffenest, rhoddodd wên fach gam arni. Gwenodd Gwen yn ôl. O leiaf, rydyn ni'n rhyw fath o 'nabod rhywun yma, meddyliodd.

Brysiodd y ddwy chwaer i fwyta'u brechdanau ac yna cododd Bethan.

"Rydw i am fynd i chwilio am siop," meddai. "Fydda i ddim yn hir."

Eisteddodd Gwen am dipyn yn gwylio'r bobl yn mynd ac yn dod ac yna digwyddodd sylwi ar gloc oedd uwchben y cownter bwyd. Teimlodd don o banig yn codi y tu mewn iddi.

"Chwe munud tan amser y trên!" meddai wrthi'i hun gan edrych o'i chwmpas yn wyllt. "Ble ar y ddaear mae Bethan? Mae'n rhaid inni groesi'r bont i'r llwyfan arall a fedra i ddim cario'r ddau gês fy hun. Prun bynnag, fedra i ddim mynd hebddi hi! Beth ar y ddaear ydw i'n mynd i'w wneud?"

Pennod 2

Cododd Gwen a cherddodd yn frysiog at ddrws y lle bwyta. Doedd dim golwg o Bethan ac roedd arni ofn mynd i chwilio rhag i rywun ddwyn y cesus. Cerddodd yn ôl ac ymlaen rhwng y bwrdd a'r drws a'i chalon yn curo'n gyflym. Pedwar munud oedd ar ôl rŵan! Doedd ganddi hi ddim syniad beth i'w wneud.

"Oes rhywbeth yn bod?"

Clywodd lais y tu ôl iddi a throdd i weld y ferch yn y ffrog wyrddlas. Roedd tristwch yn llygaid y ferch o hyd ond roedd hi'n edrych yn garedig ac yn gwneud ei gorau i wenu'n glên ar Gwen. Mwy na hynny, roedd hi'n siarad Cymraeg ac, am funud, aeth Gwen yn oer drosti wrth feddwl bod y ferch wedi'i chlywed hi a Bethan yn ei thrafod. Ond doedd dim amser i boeni am hynny rŵan. Rhoddodd Gwen ochenaid o ryddhad. Roedd hi'n braf cael dweud ei chŵyn wrth rywun.

"Peidiwch â phoeni," meddai'r ferch ac er bod ei llais yn swnio'n dynn fel y byddai llais Mam ar brydiau, roedd hi'n amlwg yn ceisio anghofio'i phryderon ei hun er mwyn codi calon Gwen.

"Mi rown ni chi a'r cesus ar y trên," meddai hi, "ac mi â i i chwilio am eich chwaer. Mae gen i syniad lle bydd hi."

Estynnodd ei llaw chwith i godi cês Bethan a sylwodd Gwen yn syth bod y fodrwy aur â'r garreg fawr las wedi mynd. Roedd ei hôl yn amlwg ar y bys – cylch gwyn a'r croen wedi crychu fel pe bai heb weld yr haul ers talwm – ond doedd dim golwg o'r fodrwy. Wyddai Gwen ddim a ddylai sôn am y peth ai peidio – efallai nad oedd y ferch yn sylweddoli iddi ei cholli – ond cyn iddi gael cyfle i ddweud gair, roedd y ferch wedi codi cês Bethan a chymryd ei chês ei hun yn ei llaw arall.

"Brysiwch!" meddai gan arwain Gwen ar garlam dros y bont a'i gwthio gyda'r cesus i mewn i'r trên oedd yn aros wrth y llwyfan.

"Ydych chi'n dod ar y trên yma hefyd?" holodd Gwen gan weld bod tri chês ar y llawr wrth ei hochr. Nodiodd y ferch ei phen.

"I Abergwynant?"

"Y ... ie ..."

Am eiliad, daeth cysgod dros wyneb y ferch a throdd yn frysiog oddi wrth Gwen.

"Mi â i i chwilio am eich chwaer. Fydda i ddim dau funud," meddai cyn diflannu i ganol y cannoedd o bobl oedd o gwmpas.

Dau funud! meddyliodd Gwen gan geisio peidio â chrio. Mae'r trên yn mynd ymhen llai nag un!

Clywodd sŵn drysau'n cau'n glep wrth i'r giard fynd ar hyd y trên. Clywodd sŵn pib. Wyddai hi ddim a ddylai neidio o'r trên ai peidio ond gwyddai na allai dynnu'r cesus i ffwrdd mewn pryd.

Yna, gwelodd y ferch yn y ffrog wyrddlas yn rhuthro ar hyd y llwyfan gan lusgo Bethan ar ei hôl. Agorodd y giard ddrws a neidiodd y ddwy i'r trên eiliad cyn iddo gychwyn.

"Mae popeth yn iawn." Gwenodd y ferch wrth weld wyneb Gwen. "Rôn i'n amau y basai hi wrth y stondin lyfrau. Mi sylwais i ei bod hi'n hoff iawn o ddarllen! Rŵan, dowch inni weld oes lle i chi eistedd."

Roedd y trên yn llawn ond, o'r diwedd, cawsant ddwy sedd efo'i gilydd.

"Mi fyddwch chi'n iawn rŵan. Mi fyddwn ni yno cyn hir." Ac yn sydyn, fel pe bai'n cofio rhywbeth, daeth yr olwg drist i'w llygaid eto. "Mi â i yn fy mlaen ar hyd y trên. Mae'n siŵr bod sedd i un yn rhywle."

Diolchodd y ddwy chwaer iddi cyn iddi ddiflannu i lawr y coridor hir.

"Am ferch annwyl!" meddai Bethan. "Mae hi'n union fel tywysoges mewn stori!"

"Paid â siarad lol wir!" Teimlai Gwen yn ddigon blin. "Rwyt ti a'th straeon wedi achosi digon o drafferth am heddiw!"

Fynnai hi ddim cyfaddef i Bethan am bris yn y byd ond hoffai hithau wybod mwy am y ferch. Cofiodd nad oedd wedi'i rhybuddio bod ei modrwy ar goll a phenderfynodd gerdded ar hyd y trên i chwilio amdani. Taflodd gipolwg i gyfeiriad ei chwaer ond roedd Bethan, unwaith eto, wedi ymgolli'n llwyr yn ei llyfr. Cododd Gwen a sleifiodd i'r coridor.

Cafodd dipyn o drafferth i ymlwybro ar hyd y trên. Roedd y coridor yn llawn o bobl ar eu ffordd i dreulio'u gwyliau wrth y môr a bu'n rhaid iddi gamu dros fagiau a gwthio heibio i goetsus babis a sgrepanau cerddwyr. Gofalodd edrych ym mhob stafell fach ond doedd dim golwg o'r ferch. Roedd hi wedi cyrraedd bron i ben draw'r trên ac ar fin rhoi'r ffidil yn y to pan glywodd sŵn rhywun yn crio'n ddistaw. Yno, ym mhen pellaf y coridor, roedd y ferch yn pwyso yn erbyn ffenest a dagrau'n powlio i lawr ei hwyneb. Sylwodd hi ddim ar Gwen, a fynnai Gwen ddim tarfu arni. A dweud y gwir, teimlai'n annifyr iddi weld y dagrau, fel pe bai wedi agor llythyr rhywun arall trwy gamgymeriad. Yn ddistaw bach, baciodd o'r golwg ac aeth yn ei hôl at Bethan.

Ceisiodd setlo'n gyfforddus yn ei sedd a gwthio llun y ferch o'i meddwl. Dwy awr arall a byddai ym Maeheli efo Nain a Taid. Wrth gofio hynny, teimlai'i hun yn ymlacio trwyddi.

Pennod 3

"Ewch i'r caeau y tu ôl i'r eglwys. Mi fyddwch chi'n siŵr o gael digon i wneud tarten yn fan'no. A pheidiwch â bod yn hir – mi fydd hi'n bwrw cyn amser cinio."

Edrychodd Bethan a Gwen i fyny ar yr awyr las uwch eu pennau a chwarddodd y ddwy wrth weld Taid yn rhoi'i fraich am ysgwyddau Nain a'i gwasgu ato cyn dweud,

"Os ydi Nain yn dweud ei bod hi am fwrw, mae hi'n siŵr o wneud. Rwyt ti wedi dy wastraffu y tu ôl i gownter, Mary. Mi ddylet ti fod ar y teledu!"

Cerddodd y ddwy chwaer drwy'r pentref distaw i gyfeiriad yr eglwys. Roedd hi'n gynnar ar fore Sul a'r stryd yn hollol wag – yn wahanol iawn i fwrlwm prysur Llundain. Taflodd Gwen gip dros ei hysgwydd at Nain a Taid oedd yn sefyll yn nrws y siop yn codi llaw ar eu hwyresau ac, am eiliad, daeth cysgod dros ei hwyneb wrth weld mor hapus oedden nhw efo'i gilydd. Ond dim ond am eiliad. O, roedd hi'n braf bod yn ôl ym Maeheli!

Prysurodd y merched yn bwrpasol heibio i'r eglwys a'r fynwent ond, unwaith y cyrhaeddon nhw'r caeau, arafodd eu camau. Crwydrodd y ddwy'n hamddenol ar hyd y cloddiau. Doedd hi ddim eto'n ddiwedd Awst ond, yma ac acw, tyfai mwyar duon yn glystyrau aeddfed ac, er bod y mieri'n bigog a bod rhaid cymryd gofal mawr, roedd Gwen wrth ei bodd yn plygu ac yn ymestyn a'r haul yn gynnes ar ei chefn.

Bu'r ddwy'n casglu'n brysur am sbel heb sgwrsio fawr ond, ymhen tipyn, daethant i le lle'r oedd mwy o eithin nag o fieri yn tyfu ar y clawdd a'r mwyar prin yn fychan ac yn galed.

"Hanner llawn ydi'r ddysgl o hyd."

Roedd Bethan wedi hen ddiflasu. "Chawn ni ddim mwy. Waeth inni fynd yn ein holau ddim."

Ond doedd Gwen ddim mor barod i roi'r ffidil yn y to.

"Rydw i'n siŵr bod 'na dir gwyllt dros y gamfa acw," meddai. "Mi gawn ni ddigon yn fan'no."

Cuchio wnaeth Bethan ond dilynodd Gwen dros y gamfa heb ddweud dim. Yr ochr arall i'r wal, roedd llethr weddol serth a drain a mieri'n tyfu'n wyllt hyd-ddi. Arweiniai llwybrau bach, cul i lawr drwy'r mieri at goedwig fechan ac, o bwyso ymlaen a chraffu, roedd Gwen bron yn siŵr ei bod yn gweld dŵr yn sgleinio rhwng y brigau.

"Wyddwn i ddim bod lle fel hwn mor agos i'r pentre," meddai gan frysio i helpu Bethan oedd wedi ailddechrau casglu. Roedd digonedd o'r ffrwythau a'r rheiny'n fawr ac yn llawn sudd. Fu'r merched fawr o dro'n llenwi'r ddysgl at ei hymylon ac, er bod eu dwylo'n grafiadau i gyd a'u bysedd yn biws ac yn glynu yn ei gilydd, teimlai'r ddwy'n falch o'u gwaith.

"Rhaid inni ddod yma eto."

Dechreuodd Bethan ddringo'n ôl am y gamfa ond roedd gan Gwen syniad gwell.

"Tyrd i lawr i weld yr afon. Rydw i'n siŵr ei bod hi'n rhamantus yno," meddai gan wybod y byddai hynny'n ddigon i berswadio'i chwaer fawr.

Gwthiodd y ddwy ar hyd y llwybrau cul rhwng y drain a'r mieri i lawr ochr y llethr at ymyl y goedwig fach. Roedd camu o'r haul i gysgod y coed fel camu i neuadd fawr. Roedd y brigau wedi'u plethu'n dynn fel nenfwd gwyrdd a gallai'r merched glywed ambell aderyn yn tiwnio yn uchel uwch eu pennau. Ond yma, ar lawr y goedwig, roedd hi'n ddistaw ac yn llonydd. Yr unig symudiad oedd y golau'n chwarae ar y rhedyn gwyrdd golau wrth i'r awel ysgwyd y brigau uwchben. A'r unig sŵn oedd sŵn dŵr yn byrlymu dros gerrig.

"Tyrd i weld yr afon."

Brysiodd Gwen yn ei blaen drwy'r rhedyn gan adael Bethan yn sefyll a golwg freuddwydiol, bell ar ei hwyneb. Troellai nant fechan drwy'r coed, yn dawnsio dros gerrig mewn rhai mannau ac yn oedi'n byllau dwfn mewn mannau eraill.

"Am le da i chwarae! Ac edrych, Bethan! Mae 'na adfeilion hen dŷ yma hefyd!"

Ymunodd Bethan â'i chwaer ar lan y nant a syllodd y ddwy ar y pentyrrau cerrig oedd gyferbyn â nhw ar y lan arall. Yn amlwg, bu bwthyn yno unwaith. Roedd y to wedi hen fynd ac roedd un o'r waliau wedi disgyn yn llwyr. Ond roedd tair wal, er yn foliog ac yn simsan, yno o hyd a'r tyllau lle bu'r ffenestri a'r drws fel llygaid mawr a cheg.

"Tyrd i weld!"

Roedd Gwen yn barod i neidio dros y nant ond, cyn iddi gael cyfle, teimlodd fysedd yn cydio yn ei braich.

"Mae rhywun yno!" sibrydodd Bethan gan dynnu'i chwaer y tu ôl i goeden. Safodd y ddwy gan hoelio'u llygaid ar yr adfeilion. Roedd Bethan yn iawn. Clywsant gerrig yn symud y tu mewn i'r bwthyn. Gwelsant frigau'r llwyni oedd yn tyfu trwy'r waliau yn symud. A'r munud nesaf, ymddangosodd merch yn yr agoriad lle bu'r drws. Teimlodd Gwen fysedd ei chwaer yn crafangu i'w braich.

"Y ferch oedd ar y trên ddoe – yr un yn y ffrog wyrddlas!" sibrydodd Bethan yn gyffrous ac, unwaith eto, roedd yn llygad ei lle. Jîns glas a chrys patrymog, lliwgar oedd gan y ferch amdani heddiw ond doedd dim dwywaith nad hi oedd hi. Cymerodd Gwen hanner cam ymlaen gan feddwl ei chyfarch ond, wrth i'r ferch godi'i phen, safodd yn stond. Roedd yr wyneb dan y gwallt melyn sidanaidd yn wlyb a'r llygaid yn goch, goch.

"Mae hi wedi dod yma i grio," meddai Gwen wrthi'i hun, "a dydi hi ddim eisiau i neb ei gweld hi."

Safodd y ddwy chwaer yn hollol lonydd a sylwodd y ferch ddim bod rhywun yn ei gwylio wrth iddi adael y bwthyn a dringo'r llethr gyferbyn â'r merched.

Pennod 4

Am funud wedi i'r ferch ddiflannu i fyny ochr y llethr, safodd Bethan a Gwen yn llonydd fel delwau. Bethan oedd y gyntaf i symud.

"Tyrd!" meddai gan dynnu ym mraich ei chwaer. "Rhaid inni'i dilyn hi."

Am ryw reswm na allai ei esbonio'n iawn, teimlai Gwen yn anfodlon.

"Mi ddaeth hi yma i fod ar ei phen ei hun," meddai'n betrus. "Mae hi eisiau bod yn breifat, mae'n rhaid."

"Twt!" Doedd dim am gael sefyll rhwng Bethan a stori ramantus. "Mae'r ferch yna mewn trwbwl. Efallai'i bod hi angen help. Tyrd!"

Neidiodd dros y nant a dechreuodd sgrialu i fyny'r llwybr cul drwy'r coed. Oedodd Gwen am eiliad ond, yna, dilynodd hithau'i chwaer.

"Fi ydi'r un sy'n chwilio am antur fel arfer," meddai wrthi'i hun. "Ond wir, y tro yma, mi fasai'n well gen i beidio â busnesu."

Roedd y llwybr yn serth ac mewn rhai mannau roedd yn rhaid i'r merched gydio ym mrigau isel y coed i'w halio'u hunain i fyny gan estyn y ddysgl fwyar duon o'r naill i'r llall yn ofalus. Ymhen hir a hwyr, daethant i ben y llethr ac yno roedd y coed yn darfod a chaeau agored yn ymledu o'u blaenau. Doedd dim golwg o'r ferch yn unman.

"Well inni droi'n ôl," meddai Gwen pan gafodd ei gwynt ati. "Edrych! Mae hi wedi cymylu. Roedd Nain yn iawn. Mae hi am fwrw."

Ond roedd Bethan yn benderfynol.

"Does dim posib ei bod hi wedi mynd ymhell," meddai gan osod y ddysgl fwyar duon yn ofalus ar y llawr a chrafangu i ben y wal oedd yn ffinio'r goedwig. "Drapia! Fedra i ddim gweld llawer o'r fan hyn. Gwen, dringa di i ben y goeden 'na i weld fedri di gael golwg ohoni hi."

Doedd dim angen dweud ddwywaith wrth Gwen. Er ei bod yn teimlo'n annifyr yn mynd ar ôl y ferch, roedd hithau erbyn hyn yn mwynhau cyffro'r antur. Ac roedd hi wrth ei bodd yn dringo coed. Cydiodd â'i dwy law mewn brigyn trwchus a haliodd ei hun i fyny. Cafodd le hwylus i'w thraed yn y fforch rhwng y brigyn a'r bonyn a safodd yno i edrych allan dros y wlad. Roedd y caeau a ymledai fel cwrlid patrymog o'i blaen yn hollol wag. Cododd ei llygaid i edrych ar y mynyddoedd a godai'n uchel yn y pellter.

"Mi fasai'n braf mynd yno rywdro," meddai wrthi'i hun ond torrodd llais Bethan ar draws ei meddyliau.

"Weli di hi?"

Ysgydwodd Gwen ei phen a dringodd i lawr i sefyll wrth ochr ei chwaer.

"Mae hi wedi diflannu. Does 'na ddim byd i'w weld ond caeau. Ac mae 'na fferm ryw hanner milltir i ffwrdd."

"Fferm?" holodd Bethan a'i llygaid yn pefrio. "Fan'no mae hi, mae'n siŵr. Tyrd yn dy flaen, Gwen. Rydw i'n siŵr ei bod hi angen help."

Cododd Gwen y ddysgl fwyar duon a dilynodd ei chwaer fawr yn ddigon ufudd dros y wal ac ar hyd ochr y cae i gyfeiriad y fferm.

"Edrych!" meddai Bethan yn gyffrous ar ôl iddynt fynd ychydig gamau. "Ffordd hyn yr aeth hi. Mae'r gwair wedi'i sathru!"

Gwenodd Gwen wrthi'i hun. Gwyddai bod ei chwaer ar ganol llyfr ditectif ar hyn o bryd a'i bod, fel bob amser, yn dychmygu'i bod yn arwres y stori.

Cerddodd y ddwy'n frysiog ar hyd ochrau'r caeau. Bob hyn a hyn, sylwai Bethan ar rywbeth oedd yn profi bod rhywun arall wedi cerdded yr un ffordd – danadl poethion wedi plygu neu ôl troed yn y pridd – a safai am funud i ddoethinebu yn ei gylch.

"Biti na fasai gen ti chwydd-wydr!" meddai Gwen i dynnu'i choes ond pan ddaethant i'r cae agosaf at y fferm aeth hithau, fel ei chwaer, yn ddistaw.

"Y ... beth wnawn ni rŵan?" holodd.

"Rhaid inni weld ydi hi yma," atebodd Bethan gan sythu'i hysgwyddau a chamu'n ddewr i gyd i gyfeiriad y buarth. Cyrhaeddodd y ddwy y giât a'i hagor gan wneud eu gorau glas i fod yn ddistaw. Ond roedd rhywbeth wedi'u clywed! Daeth sŵn cyfarth ffyrnig ac, o gwt ar un ochr i'r buarth, rhuthrodd ci mawr du a gwyn. Neidiodd Bethan yn ôl yn crynu fel deilen ond safodd Gwen yn stond. Doedd arni *hi* ddim ofn cŵn. Wel, dim llawer beth bynnag.

"Y ... ci da," meddai'n gryg gan obeithio'i bod yn swnio'n ddewr. Safodd y ci ond doedd ei gynffon ddim yn ysgwyd. Roedd ei flew'n sefyll yn syth a chwyrnai'n isel yn ei wddf fel pe bai ar fin neidio.

"Y ... well inni ..." Ond cyn i Gwen orffen ei brawddeg, agorodd drws y tŷ a daeth dyn allan – dyn mawr, llydan, ei wallt yn ddu fel y frân a'i wyneb yn goch, goch.

"Beth sy'n bod, Sam?" galwodd ac yna gwelodd y merched ac aeth ei wyneb yn gochach fyth nes ei fod yn edrych fel pe bai ar ffrwydro.

"Get off my land!" bloeddiodd ac anghofiodd Gwen deimlo'n nerfus wrth edrych arno mewn rhyfeddod. Roedd hi'n siŵr bod ewyn gwyn yn tasgu o'i geg! Clywodd Bethan yn mwmial wrth ei hochr,

"Y ... hel mwyar duon rydyn ni."

Ond doedd y ffaith mai Cymry oedd y merched yn gwneud dim mymryn o wahaniaeth i'r ffermwr. Croesodd y buarth tuag atynt.

"Glywsoch chi?" bloeddiodd eto, a rŵan gallai Gwen weld ei fod yn iawn. *Roedd* o'n poeri ewyn wrth weiddi.

"Allan â chi! I'r lôn! Ac os na frysiwch chi, mi yrra i'r ci 'ma ar eich hôl chi!"

Trodd Gwen i edrych ar y ci oedd yn dal i sgyrnygu. Doedd dim pwynt dadlau. Cerddodd y ddwy ar draws y buarth am y lôn gan deimlo llygaid y dyn a'r ci'n llosgi'u cefnau. Wedi cyrraedd y giât, trodd Gwen i edrych yn ôl. Sylwodd ar symudiad yn ffenest un o lofftydd y tŷ. Roedd rhywun yn eu gwylio o'r fan honno hefyd – rhywun mewn crys patrymog, lliwgar. Y ferch! Estynnodd ei llaw i dynnu sylw Bethan a'r munud hwnnw, daeth bloedd fel taran,

"Sam! Ar eu holau nhw!"

Saethodd y ci fel roced ar draws y buarth ond, mewn

amrantiad, roedd y merched wedi sgrialu drwy'r giât a'i chau ar eu holau. Yn y cyffro, trodd y ddysgl fwyar duon a syrthiodd y ffrwythau i gyd gan rowlio dan y giât.

Ond doedd dim amser i boeni am hynny. Rhedodd y ddwy nerth eu traed i lawr y ffordd am y pentref a phan oedodd Gwen am eiliad i edrych yn ôl roedd y ci wrthi'n sniffian y mwyar duon a doedd neb yn sefyll yn ffenest llofft y tŷ.

Pennod 5

"Roedd y darten afalau 'na'n ardderchog, Mari!"

Gwthiodd Capten Mathews ei blât oddi wrtho ac edrychodd ar draws y bwrdd ar ei ferch a'i lygaid gleision yn dawnsio.

"Gymrwch chi fwy, Capten?"

Gwenodd Nain yn ôl ar yr hen ŵr a chafodd Gwen deimlad cynnes, braf wrth weld eu bod yn deall ei gilydd i'r dim. Rhyfedd hefyd, meddyliodd, mae o'n dad i Nain ond mae hi'n mynnu'i alw'n 'Capten' bob tro. Dyna mae Bethan a finnau'n ei alw hefyd. Mae 'hen-daid' yn ormod o lond ceg!

Trodd i edrych ar ei chwaer oedd yn eistedd gyferbyn â hi, yr olwg bell, freuddwydiol ar ei hwyneb unwaith eto. Doedd dim angen holi am beth roedd hi'n meddwl. Doedd y merched ddim wedi cael cyfle i drafod ar ôl rhedeg yr holl ffordd o'r fferm i'r pentref. Erbyn iddynt gyrraedd, roedd hi wedi dechrau pigo bwrw a Nain yn aros amdanynt ar y rhiniog. Roedd y Capten yno hefyd, yn barod am ei ginio dydd Sul ac wedi edrych ymlaen drwy'r bore, meddai fo, at gael blasu mwyar duon cyntaf y tymor. Bu hen dynnu coes pan eglurodd y merched yn gloff iddynt golli'r ffrwythau wrth redeg i osgoi'r glaw. Edrychodd Gwen yn euog ar Nain rŵan. Doedd hi ddim yn hoffi dweud celwydd wrthi ond doedd wiw iddynt gyfaddef eu bod wedi bod yn tresbasu. Roedd Nain a Taid yn newydd i'r ardal o hyd ac yn awyddus iawn i beidio â thramgwyddo.

"Rydych chi'ch dwy'n dawedog iawn heddiw." Gwridodd Gwen wrth sylweddoli bod llygaid treiddgar y Capten yn ei gwylio. "Ble buoch chi y bore 'ma?"

"Y ..." Brysiodd y ddwy i ddweud eu hanes yn dringo i lawr y llethr i'r goedwig.

"Roedd o'n lle grêt am fwyar duon," gorffennodd Gwen. "Ac roedd 'na adfeilion yno hefyd. Hen dŷ rydw i'n meddwl."

"Bwthyn Lisi Meri."

Setlodd pawb yn gyfforddus yn eu cadeiriau. Roedd hi'n amlwg wrth lais myfyriol yr hen ŵr bod ganddo hanes am y lle a doedd neb gwell nag ef am adrodd stori.

"Lle trist ydi bwthyn Lisi Meri," meddai'n araf. "Rydw i'n ei chofio hi'n byw yno ar ei phen ei hun. Feiddiai plant y pentref 'ma ddim mynd ar gyfyl y lle am ei bod hi mor flin – yn debyg iawn i mi cyn imi'ch cyfarfod chi!"

Gwenodd pawb wrth feddwl cymaint roedd y Capten wedi newid ers iddynt ei adnabod i ddechrau.

"Ond doedd Lisi Meri ddim yn hen fel fi," aeth yr hen ŵr yn ei flaen, "ac roedd pobl yn dweud ei bod hi'n ferch ifanc hapus ar un adeg. Ei chariad hi adeiladodd y bwthyn. Chlywais i erioed mo'i enw fo ond mi glywais sôn mor hapus oedd Lisi Meri ac yntau'n cynllunio'u cartref ac yn mynd i drafferth mawr i'w ddodrefnu, yn prynu pob math o bethau ar ei gyfer. Roedden nhw'n bwriadu priodi a byw yno ond, am ryw reswm, mi ffraeon nhw ac mi aeth y cariad i ffwrdd. Welodd neb yn yr ardal 'ma mono fo wedyn ac mi dorrodd Lisi Meri'i chalon. Mi aeth i fyw i'r bwthyn ond fuodd hi erioed yn hapus yno ac mi fuodd farw'n weddol ifanc. Mae'n siŵr bod dros hanner can mlynedd ers hynny."

Am funud wedi i'r Capten orffen ei stori, roedd pawb yn ddistaw.

"Ych a fi! Am stori drist!" meddai Nain o'r diwedd gan godi i glirio'r bwrdd.

"Dydi pawb ddim mor lwcus â thi a fi, Mary." Winciodd Taid arni a chododd i'w helpu. Daeth llun Mam a Dad yn ffraeo i feddwl Gwen a chafodd yr hen deimlad tynn yn ei stumog eto. Ond roedd Bethan wedi troi at ei hen-daid, ei llygaid yn sgleinio a'i thafod yn glymau chwithig wrth iddi geisio gofyn ei chwestiynau i gyd ar unwaith. Roedd *hi* wedi gwirioni ar y stori.

"Pam wnaethon nhw ffraeo? I ble'r aeth y cariad? Ble mae o rŵan? Beth ddigwyddodd i'r pethau ar ôl i Lisi Meri farw?"

"Aros funud, 'mechan i!" Chwarddodd y Capten a chododd ei law i anwesu'r pen tywyll oedd yn pwyso tuag ato'n awchus. "Mi dria i ateb dy gwestiynau di yn eu trefn. Dydw i ddim yn gwybod am beth y ffraeon nhw. Dydw i ddim yn gwybod i ble'r aeth y cariad na ble mae o rŵan. Ond am y pethau – wel, mi fu arwerthiant ar ôl i Lisi Meri farw. Mi brynodd fy ngwraig i – mam eich nain – gwpwrdd bach. Mae o acw o hyd rydw i'n meddwl. Pam na ddowch chi'ch dwy i fyny i Gorwel efo fi rŵan i chi gael ei weld o?"

* * *

Roedd hi'n dal i fwrw'n ysgafn wrth i'r ddwy chwaer a'r Capten ddringo'r ffordd i fyny'r bryn am Gorwel. Bu'n rhaid i'r merched arafu'u camau rhag i'r hen ŵr golli'i wynt er bod Bethan, o leiaf, ar bigau'r drain eisiau gweld y cwpwrdd a fu'n eiddo i Lisi Meri. Ond, o'r diwedd, roedden nhw'n cerdded drwy'r giât i ardd Gorwel ac roedd hi'n braf gweld y cowt carreg a'r potiau o flodau lliwgar a dafnau glaw'n sgleinio ar eu petalau. Agorodd y Capten y drws mawr a'r munud nesaf roedd Bethan a Gwen ar eu gliniau a Margiad yr hen gath oren yn rhwbio'n fwythus yn eu herbyn.

"Mae hithau'n falch o'ch gweld chi," meddai'r hen ŵr yn hapus. "Dowch i'r parlwr rŵan. Rydw i'n siŵr mai yno mae'r cwpwrdd."

Agorodd y seidbord trwm a nodiodd yn hapus.

"Dyma fo," meddai. "Rôn i'n meddwl ei fod o yma."

"O, am ddel!"

Estynnodd Bethan ei dwylo i gymryd y cwpwrdd bach a syllu arno mewn rhyfeddod. Doedd o ddim mwy na *Llyfr Mawr y Plant* ond roedd pob modfedd ohono wedi'i gerfio'n gywrain ac roedd yn llawn o ddroriau bach a phob un o'r rheiny'n agor yn llyfn.

"Fasech chi'n hoffi'i gael o?" gofynnodd y Capten gan ddefnyddio'i lawes i sychu'r llwch tew oddi ar ben y cwpwrdd. Syllodd y tri ar y galon fach gerfiedig a ddaeth i'r golwg – calon fach ac ynddi'r llythrennau L.M. a G.

"Lisi Meri a G. – Gwyndaf neu Gethin neu Geraint, ei chariad hi, mae'n rhaid!" sibrydodd Bethan. "O, basen, mi fasen ni'n hoffi'i gael o!"

Pennod 6

Pan agorodd Gwen ei llygaid fore trannoeth, roedd Bethan wedi codi o'i blaen ac yn eistedd ar ochr y gwely'n troi'r cwpwrdd bach cerfiedig yn ei dwylo.

"Mae o'n ddel, tydi?" meddai yn y llais meddal roedd Gwen yn ei hen adnabod fel ei llais rhamantus. "Rydw i'n siŵr mai cariad Lisi Meri wnaeth o iddi hi. Meddylia amdani hi'n byw ar ei phen ei hun yn y bwthyn yn torri'i chalon. A ddoe, roedd ein merch *ni* – y ferch ar y trên – yn torri'i chalon yno. Efallai mai Lisi Meri wedi dod yn ôl ydi hi!"

"Paid â siarad lol!"

Trodd Gwen a phlannodd ei phen yn y gobennydd. Doedd ganddi ddim amynedd i wrando ar ei chwaer yn malu awyr y bore 'ma. A dweud y gwir, roedd ganddi fymryn o gur yn ei phen ar ôl bod yn effro am oriau y noson gynt yn gwrando ar Bethan yn anadlu wrth ei hochr, yn meddwl am gariad Lisi Meri'n mynd i ffwrdd am byth ac yn poeni y gallai Dad wneud yr un peth.

"Genod!" Llais Nain oedd yn galw o waelod y grisiau. "Dowch i lawr i gael brecwast. Mae Sioned wedi dod i'ch gweld chi."

Siriolodd Gwen drwyddi a neidiodd o'r gwely i wisgo amdani ar frys. Roedd y ddwy chwaer wedi cyfarfod Sioned pan oedden nhw'n aros efo Nain a Taid ddechrau'r haf, cyn mynd i Sbaen, ac roedden nhw wedi bod yn ei thŷ yn cael te.

"Rydw i'n siŵr y daw Sioned efo ni i weld y bwthyn eto," meddai Gwen wrthi'i hun wrth redeg i lawr y grisiau. "Mi fydd hi'n braf cael cwmni rhywun call. Mae Bethan yn mwydro cymaint."

Ond pan grybwyllodd y syniad, doedd Sioned ddim yn fodlon o gwbl.

"Na ddo i wir," meddai mewn llais penderfynol iawn. "Mae 'na ysbryd yno – ysbryd Lisi Meri. Dydi pobl y pentre 'ma byth yn mynd ar gyfyl y lle."

Gwelodd Gwen wên fuddugoliaethus ar wyneb Bethan a rhoddodd gic iddi dan y bwrdd rhag iddi ddweud rhywbeth am y ferch. Ond roedd ei chwaer fawr yn fwy cyfrwys na hynny.

"Lisi Meri?" gofynnodd a'i llygaid yn fawr a diniwed. "Pwy oedd hi? Wyt ti'n gwybod yr hanes?"

"Rhyw hen ferch flin," atebodd Sioned yn ddidaro gan gymryd darn o dost i'w fwyta. "Roedd ei chariad hi wedi prynu modrwy ddrud iddi hi ond mi gollodd hi'r fodrwy. Wedyn, mi ffraeon nhw ac mi aeth y cariad i ffwrdd. Dyna'r cwbl wn i. Roedd hi'n perthyn o bell i Dad. Ei nai hi – cefnder Dad – biau'r lle rŵan. Dowch! Beth am fynd am dro i'r traeth?"

Stwffiodd weddill y tost i'w cheg a chychwynnodd am y drws. Ond doedd Bethan ddim wedi gorffen holi.

"Lle mae'r nai 'ma – cefnder dy dad – yn byw?" gofynnodd yn feddylgar.

"Yn Cae Mawr – y fferm sy tu draw i fwthyn Lisi Meri," atebodd Sioned. "Fyddwn ni byth yn mynd yno. Un blin ydi yntau hefyd. Dowch rŵan, wir! Mae hi'n braf allan. Dowch â'ch pethau nofio efo chi."

* * *

Distaw iawn fu Bethan drwy'r bore a wnaeth hi ddim ymuno â'r merched eraill i neidio dros y tonnau nac i chwarae pêl ar y tywod, dim ond eistedd ar ddarn o graig yn edrych allan i'r môr.

"Mae hon wrthi'n creu nofel yn ei phen," meddai Gwen wrthi'i hun. "Fydd dim yn tycio ond mynd yn ôl i'r bwthyn y pnawn 'ma."

Ac felly y bu. Wedi i'r ddwy chwaer ffarwelio â Sioned a bwyta'r cinio o ham a salad roedd Nain wedi'i baratoi ar eu cyfer, trodd Bethan yn eiddgar at ei chwaer.

"Mae Sioned yn mynd i'r dre efo'i mam y pnawn 'ma," meddai a'i llygaid yn pefrio. "Tyrd yn ôl i'r bwthyn efo fi. Mae 'na ryw ddirgelwch yno – rhyw gysylltiad rhwng Lisi Meri a'r ferch ar y trên. Ac mae a wnelo'r hen ffermwr blin – cefnder tad Sioned – rywbeth â'r peth. Mi welaist ti wyneb y ferch yn llofft y fferm, meddet ti. Rydw i'n siŵr ei fod o'n ei chadw hi'n garcharor!"

"Carcharor wir!" Fedrai Gwen ddim peidio â chwerthin. "Allan ar ei phen ei hun roedd hi pan welson ni hi ddoe. Ac mi aeth hi'n ôl i'r fferm o'i gwirfodd. Nefoedd, Bethan! Rwyt ti'n mynd yn wirionach bob dydd!"

Ond, er na fynnai gyfaddef hynny i Bethan, roedd hithau erbyn hyn ar bigau'r drain eisiau gwybod mwy am y ferch ar y trên a dilynodd ei chwaer yn ddigon bodlon dros y caeau ac i lawr y llethr i'r goedwig.

Doedd dim golwg o neb yno. Roedd y lle'n hollol lonydd a dim ond bwrlwm y dŵr yn torri ar y distawrwydd. Neidiodd y ddwy dros y nant a cherdded i fyny'r llwybr bach at ddrws y bwthyn. Roedd y lintel lechen drom oedd ond ychydig uwch eu pennau wedi cracio ond mentrodd y merched oddi tani ac i mewn i gartref Lisi Meri. Doedd y tu mewn ddim tywyllach na'r tu allan a chysgodion dail y coed yn gwneud patrymau ar yr hen gerrig garw oedd wedi disgyn i mewn i'r tŷ. Roedd mwsog gwyrdd yn tyfu hyd y cerrig a rhedyn yn ymwthio rhyngddynt ond roedd olion y gwahanol stafelloedd a'r lle tân mawr, llydan i'w gweld yn glir. Trodd Gwen yn ôl ac edrychodd drwy agoriad y drws at y nant a fyrlymai ym mhen draw'r llwybr bach. Wrth ochr y llwybr, tyfai hen goeden rhosod porffor yng nghanol y mieri. Roedd rhywun rywdro wedi'i phlannu yno'n ofalus.

"O am le braf i fyw!" Trodd yn ôl at Bethan ond roedd ei chwaer yn dal ei bys dros ei gwefusau, yn amneidio arni i fod yn ddistaw.

"Gwranda!" sibrydodd. O rywle yn y coed y tu ôl iddynt, daeth sŵn lleisiau. Edrychodd y merched ar ei gilydd. Roedden nhw wedi clywed un o'r lleisiau o'r blaen – llais y ffermwr blin, perchennog y tir, oedd o.

Pennod 7

Eisteddai Gwen ar silen ffenest ei llofft yn edrych allan ar y wlad dywyll, dawel. Roedd hi'n hwyr iawn, iawn ac roedd Bethan yn cysgu'n sownd ers meitin yn y gwely mawr. Medrai Gwen glywed ei hanadlu rhythmig ond fedrai hi mo'i gweld. Ar ôl dringo ar y silen lydan, roedd wedi cau'r llenni'n dynn y tu ôl iddi a swatio'n glyd yn ei chell fach. Drwy'r ffenest, roedd Gorwel i'w weld yn glir yn sefyll yn gadarn ar ei glogwyn uwchben y môr. Doedd dim golau yn yr un o'r ffenestri heno.

Mae'r Capten yn cysgu'n sownd, mae'n rhaid, meddyliodd Gwen. A Bethan a Nain a Taid a phawb yn y byd ond fi. Ochneidiodd a phwysodd ei chefn yn erbyn y wal. Roedd hi wedi trio cysgu, wedi trio'i gorau glas. Ond fedrai hi ddim. Roedd gormod o bethau'n gwibio trwy'i meddwl.

Y pnawn hwnnw, ar ôl clywed y lleisiau, roedd Bethan a hithau wedi'u gwneud eu hunain mor fychan ag y gallen nhw a chuddio yn eu cwrcwd y tu ôl i un o waliau'r bwthyn. Clywsant sŵn traed yn dod i lawr y llwybr o gyfeiriad y fferm ac aeth Gwen yn oer drosti wrth feddwl bod y ffermwr a'i gyfaill am droi i mewn i'r adfeilion. Ond mynd heibio wnaethon nhw gan ddal i sgwrsio'n isel. Sleifiodd Gwen at y drws a mentrodd sbecian allan. Doedd y ffermwr ddim yn edrych yn flin o gwbl. A dweud y gwir, roedd yn siarad yn frwdfrydig iawn gan chwifio'i freichiau o gwmpas a phwyntio yma ac acw. Er iddi foeli'i chlustiau, fedrai hi ddim clywed y sgwrs, ond wrth i'r dynion droi am lwybr arall a arweiniai i fyny'r llethr, daeth un frawddeg yn glir ar yr awel,

"Mi gewch chi ddechrau ben bore fory, 'ta."

Trodd yn ei hôl at Bethan ac edrychodd y ddwy ar ei gilydd mewn penbleth.

"Dechrau beth?" sibrydodd Bethan yn nerfus ac ysgydwodd Gwen ei phen. Doedd hithau ddim yn deall chwaith. Ond roedd hi'n gwybod un peth. Doedd wiw iddynt gael eu dal yn tresbasu eto. Arhosodd y ddwy'n llonydd am sbel cyn sleifio fel cysgodion i fyny'r llethr a dros y caeau i'r pentref.

Wrth feddwl am y peth rŵan, yn ei chell fach wrth y ffenest, fedrai Gwen yn ei byw ddyfalu am beth roedd y ffermwr yn sôn. Ond yn sicr, roedd yn cynllunio rhywbeth i'w wneud â'r goedwig a'r bwthyn a etifeddodd gan Lisi Meri. Lisi Meri! Teimlodd Gwen ias oer yn cerdded ei chefn wrth feddwl amdani'n byw'n unig yn y bwthyn a rhwbiodd ei bys yn feddylgar hyd y cwpwrdd bach oedd wrth ei hochr ar y silen. I feddwl ei bod hi a'i chariad, yn ôl Sioned, wedi ffraeo am byth am beth mor ddibwys â cholli modrwy. Colli modrwy! Roedd hynny'n ei hatgoffa o rywbeth. Agorodd Gwen ei cheg a rhwbiodd ei llygaid. Roedd yn dechrau teimlo'n gysglyd o'r diwedd. Llithrodd y llenni'n agored a chamodd i lawr dros y silff lyfrau oedd dan y ffenest. Ac yna, wrth ddringo i'r gwely mawr at Bethan, cofiodd. Wrth gwrs! Roedd y ferch ar y trên wedi colli modrwy hefyd. Rhyfedd mor debyg oedd ei hanes hi a hanes Lisi Meri – y ddwy wedi colli modrwy, y ddwy â rhyw gysylltiad â'r hen ffermwr blin, y ddwy'n torri'u calonnau yn y bwthyn, y ddwy ... Ond fedrai Gwen ddim meddwl mwy. Pwysai cwsg yn drwm ar ei hamrannau. Swatiodd yn erbyn cefn cynnes Bethan a, cyn pen dim, roedd hithau'n cysgu'n sownd.

* * *

Fore trannoeth, pan gododd y merched, doedd dim rhaid trafod o gwbl i ble roedden nhw'n mynd. Roedd yr haul yn tywynnu'n braf ond roedd sŵn brigyn y goeden a dyfai wrth y tŷ'n taro yn erbyn y ffenest yn dangos bod gwynt wedi codi yn ystod y nos.

"Dydi hi ddim yn dywydd mynd i'r traeth heddiw," meddai Gwen yn bendant wrth wisgo amdani. "Mi awn ni'n ôl i'r bwthyn."

Ac wnaeth Bethan ddim dadlau. Fedrai hithau, fel y gwyddai Gwen yn iawn, ddim byw yn ei chroen heb gael gwybod beth oedd cynlluniau'r ffermwr.

"Mi fydd yn rhaid inni fod yn ofalus rhag ofn iddo fo'n gweld ni," oedd ei hunig sylw ac roedd Gwen, wrth gwrs, yn cytuno'n llwyr â hynny.

Llyncodd y ddwy frecwast brysiog cyn picio i mewn i'r siop i ffarwelio â Nain a Taid gan ofalu peidio â chrybwyll i ble roedden nhw'n mynd.

"Gwnewch yn fawr o'r tywydd braf 'ma. Mi fydd hi'n bwrw fory," meddai Nain, a winciodd Taid ar ei wyresau cyn ychwanegu, "Mi faswn i'n lecio i chi helpu Nain yn y siop am ryw awr ar ôl cinio. Rhaid i mi fynd i'r dre."

Wedi addo bod yn ôl mewn da bryd, prysurodd y merched am y goedwig. Ond ar ôl croesi'r caeau a chyrraedd y gamfa ar ben y llethr, stopiodd y ddwy'n stond. Roedd sŵn peiriant mawr yn chwyrnu yn y coed, sŵn cadwyni cryf yn gwichian, sŵn crafangau enfawr yn rhwygo a malu. A phob hyn a hyn, sŵn coed yn syrthio i'r llawr. Yn araf a gofalus, cododd y ddwy eu pennau uwchben y wal i syllu a syllu ar y jac codi baw mawr, melyn oedd yn prysur glirio'r coed y tu ôl i fwthyn Lisi Meri.

Pennod 8

"Maen nhw'n mynd i chwalu'r bwthyn hefyd! O! sut medran nhw ddifetha'r lle 'ma? Roedd o'n berffaith fel roedd o."

Erbyn hyn, roedd y merched yn gorwedd ar eu boliau dan y coed yn union gyferbyn ag adfeilion y bwthyn. Roedd coesau Gwen yn grafiadau i gyd a'i dwylo'n llosgi'n boenus ar ôl llithro'n ddistaw i lawr drwy'r drain a'r mieri i'r goedwig. Ond nid dyna oedd yn gwneud i'r dagrau gronni yn ei llygaid. Roedd hithau, fel Bethan, yn torri'i chalon o feddwl y gallai'r peiriant mawr rheibus ddifetha'r llecyn tawel wrth y nant. Profiad digon rhyfedd oedd bod yno rŵan. O'u cwmpas, roedd y rhedyn yn dal yn berffaith lonydd, daliai'r nant i fyrlymu'n hapus dros y cerrig a chwaraeai cysgodion yn dawel ar furiau'r hen fwthyn. Ond yn uchel ar y llethr gyferbyn â nhw – yn eithaf pell o'r adfeilion, erbyn gweld yn iawn – roedd y jac codi baw yn dal i rwygo a malu a'i sŵn bygythiol yn llenwi'r goedwig.

"Rhaid inni'u stopio nhw!"

Neidiodd Bethan ar ei thraed ond cydiodd Gwen ynddi a'i thynnu i lawr yn ôl.

"Paid â malu awyr! Nid mewn llyfr rydyn ni rŵan. Fedrwn ni mo'u stopio nhw siŵr – ddim ein hunain."

"Rhaid inni gael help 'ta."

Gwyddai'r ddwy bod Nain a Taid yn brysur yn y siop ac na chaent fawr o gydymdeimlad ganddynt beth

bynnag. Roedden nhw wedi cael rhybudd fwy nag unwaith i beidio â thresbasu. Ond roedd Bethan yn benderfynol o gael help gan rywun.

"Mi awn ni i Gorwel," meddai. "Mi fydd y Capten yn gwybod beth i'w wneud."

Edrychodd Gwen i fyny dros furiau'r bwthyn at lle'r oedd ambell gip o'r jac codi baw i'w weld rhwng y coed.

"Go brin bod 'na ddim y medr y Capten ei wneud," meddai wrthi'i hun yn drist cyn codi i ddilyn Bethan oedd yn barod yn gwau'i ffordd drwy'r drain a'r mieri i fyny ochr y llethr.

* * *

Pan gyrhaeddodd Bethan a Gwen ardd Gorwel, roedd Capten Mathews yn eistedd ar y sedd lechen dan y ffenest a Margiad, y gath, yn cysgu'n esmwyth wrth ei draed. Goleuodd ei wyneb pan welodd y merched a symudodd y darnau pren oedd wrth ei ochr ar y sedd i wneud lle iddynt eistedd.

"Meddwl y baswn i'n trio gwneud cwpwrdd bach fel un Lisi Meri," eglurodd ac yna craffodd yn agosach ar wynebau'r ddwy.

"Beth sy'n eich poeni chi? Oes 'na rywbeth wedi digwydd?"

Bethan a adroddodd yr hanes a phan orffennodd rhoddodd y Capten ei fraich gref am ei hysgwyddau.

"Mi wn i bod yn gas gynnoch chi weld y lle'n cael ei ddifetha," meddai'n garedig. "Ond wyddost ti, Bethan fach, fedrwn ni wneud dim. Mae gan ffermwr hawl i glirio'i dir."

"Ond Lisi Meri a'i chariad oedd biau'r bwthyn!"

Eisteddodd Gwen i fyny a'i chyffro'n dangos yn ei hwyneb. Roedd syniad newydd ei tharo. "Mi ddeudodd Sioned bod y ffermwr wedi cael y lle ar ôl Lisi Meri, ond os ydi'r cariad yn dal yn fyw ..."

Trodd i edrych yn ymbilgar ar y Capten ond ysgwyd ei ben a wnaeth o.

"Dyna'r pwynt 'mechan i," meddai gan ddefnyddio'i law rydd i'w thynnu ato. "Does neb yn gwybod beth ddigwyddodd iddo fo. Os ydw i'n cofio'n iawn, mi wnaethon nhw hysbysebu amdano fo pan fu Lisi Meri farw gan mai fo oedd piau hanner y pethau. Ond ddaeth o ddim bryd hynny a go brin y daw o yn ei ôl bellach. Mae dros hanner can mlynedd wedi mynd heibio, cofia."

"Ond tasen ni'n medru dod o hyd iddo fo, mi fasai fo'n medru stopio'r jac codi baw." Doedd Gwen ddim am roi'r gorau i'w syniad.

"Wel basai, mae'n debyg. Ond paid â chodi dy galon. Does 'na ddim llawer o siawns o hynny. Mae pawb yn derbyn ers blynyddoedd mai'r ffermwr – Williams, Cae Mawr, ydi'i enw fo, gyda llaw – biau'r tir i gyd. Rŵan 'ta, ydych chi am aros i gael bwyd efo fi?"

Ond roedd yn rhaid i'r merched wrthod gan eu bod wedi addo helpu Nain yn y siop yn syth ar ôl cinio. Ffarweliodd y ddwy â'r Capten a chychwyn yn ddigalon am y giât. Ond yna, trodd Bethan yn ôl fel pe bai rhywbeth newydd ei tharo.

"Capten?" holodd. "Oes gan Mr Williams, Cae Mawr, ferch?"

"Nag oes, tad." Gwenodd ei hen-daid arni. "Does

ganddo fo ddim plant o gwbl. Dim ond fo a Mrs Williams sy'n byw ar y fferm."

Cerddodd y merched i lawr y ffordd i'r pentref. Erbyn hyn, roedd y gwynt yn eithaf cryf a'r tonnau ymhell oddi tanynt wedi'u chwipio'n geffylau gwynion. Teimlai Gwen ei gwallt yn chwyrlïo y tu ôl iddi a'i hwyneb yn pigo'n ffres. Ond doedd hi ddim yn teimlo'n hapus a gwyddai bod Bethan, a gerddai'n ddistaw wrth ei hochr, hefyd yn poeni am y goedwig a'r bwthyn, ac yn poeni bod wyneb merch i'w weld yn ffenest llofft fferm lle nad oedd ond gŵr a gwraig yn byw.

Pennod 9

Roedd hi'n dawel iawn yn y siop y pnawn hwnnw ac roedd Gwen wedi hen ddiflasu. Roedd Nain wedi mynd trwodd i wneud dipyn o waith tŷ gan siarsio'r merched i'w galw pe bai ar rywun eisiau rhywbeth o gownter y post.

"Helpwch eich hunain os ydych chi am fferins," meddai wrth fynd. "A da chi! Peidiwch ag edrych mor ddigalon!"

Roedd golwg bryderus ar ei hwyneb ac roedd hi wedi picio i mewn unwaith neu ddwy wedyn i'w sicrhau'i hun eu bod yn iawn. Mae hi'n meddwl ein bod ni'n poeni am Mam a Dad, meddyliodd Gwen yn sydyn. Mae hithau wedi sylwi bod rhywbeth o'i le ac mae hi'n iawn – rydyn ni'n poeni am hynny ac am bethau eraill. Ochneidiodd a throdd i edrych ar Bethan oedd yn eistedd y tu ôl i'r cownter yn darllen.

"Neu o leia, rydw *i'n* poeni," meddai wrthi'i hun. "Mae hon yn medru anghofio am bopeth, unwaith y ceith hi afael ar lyfr."

Roedd hi ar fin dweud rhywbeth wrth ei chwaer pan agorodd y drws a daeth dynes i mewn – dynes dew, writgoch a llond ei cheg o ddannedd gwynion.

"Chi ydi wyresau Mrs Jones, ia?" holodd yn glên. "Mi ffoniais i'ch Nain y bore 'ma ac mae hi wedi paratoi bocsaid o neges imi. Mrs Williams, Cae Mawr ydi'r enw."

Clywodd Gwen glep y tu ôl iddi wrth i Bethan ollwng ei llyfr i'r llawr. Syllodd y ddwy ar y ddynes oedd yn dal i wenu arnynt. Roedd hi'n anodd iawn dychmygu bod un mor glên yn wraig i'r hen ffermwr blin.

"Y ... Dyma'ch bocs chi, mae'n siŵr."

Plygodd Gwen i estyn y neges a chlywodd lais ei chwaer uwch ei phen yn holi,

"Y ... Fasech chi'n hoffi inni ddod â'r bocs i Cae Mawr i chi?"

"Na, dim diolch." Gwenodd y ddynes eto. "Mae'r car gen i. O! Mae'r teisennau hufen 'ma ar y cownter yn edrych yn hyfryd. Mi gymra i dair o'r rheiny hefyd, os gwelwch yn dda."

Talodd am ei neges a phwysodd ar y merched i dderbyn ugain ceiniog yr un o'r newid.

"Cildwrn bach," meddai gan wenu eto a mynd allan am ei char.

"Am ddynes glên!" rhyfeddodd Gwen wrth i'r drws gau ond roedd Bethan yn sefyll y tu ôl i'r cownter a golwg feddylgar iawn ar ei hwyneb.

"Tair," meddai'n araf. "Sylwaist ti? Mi gymrodd hi *dair* teisen a dim ond dau o bobl sy'n byw yno, yn ôl y Capten. Mae'n rhaid iti gyfaddef bod 'na rywbeth yn rhyfedd."

Ond doedd Gwen ddim wedi'i hargyhoeddi. Roedd hi wedi hoffi Mrs Williams yn syth.

"Efallai'i bod hi eisiau dwy ei hun," meddai'n amheus. "Roedd hi'n edrych yn eitha tew."

"Mi hoffwn i fynd yn ôl i'r fferm." Swniai Bethan yn siomedig, "Mi fasai mynd â'r bocs iddi hi wedi gwneud esgus da ond rŵan ..."

Tawodd ar ganol brawddeg ac edrychodd a'i cheg yn agored ar yr hyn a ddaliai'i chwaer yn ei llaw.

"Paced o gig moch!" chwarddodd Gwen a chwifiodd y paced uwch ei phen. "Mi dynnais i o o'r bocs wrth ei estyn o. Mi ddeudwn ni'i fod o wedi syrthio allan. Tyrd!"

Gan ei bod mor ddistaw yn y siop roedd Nain yn ddigon bodlon iddynt fynd.

"Ymddiheurwch i Mrs Williams am inni fod mor flêr," meddai wrth i'r merched gychwyn a theimlodd Gwen bang o euogrwydd. Doedd hi ddim yn hoffi twyllo Nain ond, ar y llaw arall, roedd hi wrth ei bodd bod Bethan yn llawn edmygedd o'i dyfeisgarwch.

* * *

Dwy betrus iawn a fentrodd ar draws buarth Cae Mawr ond, wrth lwc, roedd y lle'n ddistaw fel y bedd a dim golwg o'r ffermwr na'i gi. Derbyniodd Mrs Williams eu hymddiheuriad yn llawen ond wnaeth hi mo'u gwahodd i mewn i gael diod er eu bod wedi cerdded cryn filltir o'r pentref. Ac roedd y diffyg croeso'n beth rhyfedd mewn dynes mor glên.

"Mae hi'n ddistaw iawn yma. Eich hun ydych chi?" holodd Bethan yn ei llais diniwed.

"Ie, tad. Mae 'ngŵr i allan yn y caeau." Roedd llais Mrs Williams yn ddigon clên o hyd ond caeodd y drws yn fwy brysiog nag oedd rhaid.

"Rydw i'n siŵr imi glywed sŵn i fyny'r grisiau," sibrydodd Bethan wrth i'r ddwy groesi'r buarth yn ôl am y lôn. Ond doedd Gwen ddim yn gwrando. Roedd hi'n syllu a'i cheg yn agored ar y dillad oedd yn cyhwfan ar y lein o flaen y tŷ.

"Bethan," dechreuodd ond roedd ei llais yn swnio'n wichlyd. Carthodd ei gwddf a rhoddodd gynnig arall arni. "Bethan, wyt ti'n 'nabod y ffrog 'na ar y lein? Y ffrog wyrddlas 'na yn fan'cw?"

Pennod 10

"Mae hi yno. Mae'r ffrog yn profi'r peth. Mae hi'n garcharor yn Cae Mawr!"

"O, Bethan! Dydyn ni ddim yn gwybod hynny."

Pwysodd Gwen yn ôl yn erbyn y gobennydd a thynnodd y blancedi trwm i fyny at ei gên. Pam na fyddai Bethan yn gorwedd yn llonydd yn lle neidio o gwmpas fel gafr ar daranau? Teimlai Gwen yn annifyr i gyd. Roedd gwynt wedi codi eto a brigyn y goeden yn chwipio yn erbyn y ffenest. Teimlai'n oer ac yn flinedig ac yn ddiflas iawn, iawn. Roedd arni hiraeth am weld Mam a Dad eto ac roedd hi wedi cael llond bol ar wrando ar ei chwaer yn gwneud môr a mynydd o bob dim.

"Does gynnon ni ddim prawf o gwbl ei bod hi'n garcharor," meddai'n ddiamynedd. "Efallai mai yno ar ei gwyliau mae hi. Dos i gysgu wir!"

Ond doedd dim stopio ar Bethan pan oedd ar drywydd stori dda.

"Os ydi hi ar wyliau, pam bod Mrs Williams yn gwadu'i bod hi yno?" heriodd gan eistedd i fyny'n syth nes bod gwynt oer yn chwythu dan y blancedi eto. "Ac mae pobl sy ar eu gwyliau'n hapus ond dydi hi ddim. Ac mae Mr Williams, y ffermwr, yn ddyn drwg. Mae o am chwalu bwthyn Lisi Meri a faswn i'n synnu dim tasai fo'n cadw'r ferch yn garcharor. Rhaid inni fynd yn ôl fory i weld fedrwn ni ddarganfod mwy."

"Iawn," cytunodd Gwen er mwyn cael dipyn o

47

heddwch. A thynnodd y blancedi dros ei phen i wneud pabell fach dywyll, breifat iddi'i hun.

* * *

Ond fore trannoeth, pan ddeffrodd y merched, roedd glaw'n hyrddio yn erbyn ffenest y llofft.

"Storm Awst," meddai Nain wrth hwylio brecwast iddynt. "Mi fydd drosodd cyn nos."

"Does 'na ddim byd i'w wneud ym Maeheli pan mae hi'n bwrw," mwmialodd Gwen i'w chwpan te ac yna gwridodd wrth sylweddoli bod Nain yn edrych yn feddylgar arni.

"Rwyt ti yn y felan go iawn y bore 'ma, Gwen fach," meddai gan roi'i braich am ei hwyres. "Ewch ar y bws i'r dre ac mi ro i bres i chi brynu cinio i chi'ch hunain."

Roedd y bws yn llawn a'r oglau dillad tamp yn codi cyfog ar Gwen. Roedd hi'n falch o gyrraedd Abergwynant ond, a dweud y gwir, doedd fawr fwy i'w wneud yno nag ym Maeheli. Doedd yr unig sinema ddim ar agor yn ystod y dydd a diflas iawn oedd yr ychydig siopau o'u cymharu â rhai Llundain. Gwariodd y merched beth o bres Nain yn chwarae ar y peiriannau oedd mewn neuadd wrth y pier ac yna aethant i gaffi bach ac archebu plateidiau mawr o bysgod a sglodion.

"Beth wnawn ni rŵan?" holodd Gwen wedi iddynt orffen bwyta. Ond doedd gan Bethan ddim syniadau chwaith. Crwydrodd y ddwy ar hyd strydoedd cul y dref. Daethant ar draws siop lyfrau a bu'n rhaid i Gwen sefyll am dros hanner awr tra oedd Bethan yn pori yn y nofelau oedd ar y silffoedd. Cawsant hufen ia mewn caffi wedyn a phaned mewn caffi arall cyn troi i mewn i oriel luniau gan nad oedd ganddynt bres ar ôl i wneud dim arall. Roedd y lluniau'n anhygoel o hyll a fedrai'r merched wneud na phen na chynffon ohonynt. Ond, o'r diwedd, roedd hi'n hanner awr wedi pedwar ac yn amser iddynt gychwyn am fws bump – bws olaf y dydd i Faeheli.

"Mi awn ni'r ffordd hyn, drwy'r strydoedd cefn," meddai Bethan a dilynodd Gwen ei chwaer. Roedd hi'n teimlo'n well erbyn hyn, yn edrych ymlaen at fynd yn ôl i gael swper a sgwrs efo Nain a Taid a chael mynd am dro i Gorwel, efallai, cyn clwydo. Efallai y byddai'r Capten wedi gorffen ei gwpwrdd bach ...

Stopiodd yn stond a syllodd drwy ffenest y siop wrth ei hochr. Siop hen bethau oedd hi a'r enw Creiriau Gerwyn uwchben y drws. Ac yn y ffenest, roedd cwpwrdd bach.

"Bethan!" galwodd yn gyffrous. "Edrych! Mae o'r un fath yn union â chwpwrdd Lisi Meri!"

Prysurodd Bethan yn ôl i ymuno â'i chwaer.

"Dim yn union," meddai gan bwyso'i thrwyn yn erbyn y ffenest. "Ond rwyt ti'n iawn. Mae o'n debyg iawn."

"Tyrd i mewn i holi amdano fo." Roedd Gwen wedi anghofio'i diflastod yn llwyr. Efallai mai cariad Lisi Meri wnaeth hwn hefyd.

Ond wedi holi'r dyn ifanc golygus a gadwai'r siop, roedd hi'n amlwg nad oedd a wnelo'r cwpwrdd ddim a Lisi Meri. Roedd yn rhy hen o lawer.

"Ydych chi wedi gweld cwpwrdd tebyg o'r blaen?" Roedd y dyn ifanc yn gyfeillgar iawn ac yn gwenu'n glên er bod cleisiau duon dan ei lygaid fel pe na bai wedi

cysgu'n iawn ers wythnos. Disgrifiodd Bethan gwpwrdd Lisi Meri a phan soniodd am y galon fach a'r llythrennau L.M. a G. wedi'u cerfio ynddi, daeth cysgod dros wyneb y dyn.

"Rhyfedd," meddai. "Rhyfedd iawn. Mi hoffwn i weld y cwpwrdd rywbryd."

Addawodd y merched ddod i'w weld eto ac yna, wrth droi am y drws, sylwodd Gwen ar hen gi tsieni llychlyd ar silff.

"O am ddel!" meddai. "Mae gan Nain ddau o'r rheina."

"Deudwch wrthi hi am edrych ar eu holau nhw," gwenodd y dyn yn flinedig. "Mae partner hwn ar goll. Dydi o fawr o werth ar ei ben ei hun ond roedd ar yr hen ŵr oedd yn ei werthu angen pres."

Trodd oddi wrth y merched at Americanwr oedd am brynu rhywbeth ac edrychodd Gwen ar ei ôl.

"Dyn caredig yn tosturio wrth hen ŵr," meddai wrthi'i hun. "Gerwyn ydi'i enw fo, mae'n siŵr, gan mai Creiriau Gerwyn ydi enw'r siop. Mae o'n ddyn clên iawn ond mae rhywbeth yn ei boeni o. Dydi o ddim yn hapus."

Ac yna, sylwodd ar beth roedd yr Americanwr yn ei brynu a theimlodd bob gewyn yn ei chorff yn tynhau. Mewn bocs bach, del ar y cownter, roedd modrwy – cylch aur ag arno garreg fawr, las. Modrwy y ferch ar y trên! Doedd bosib bod Gerwyn wedi'i dwyn? Fedrai hi ddim credu hynny ond wrth iddo estyn y fodrwy i'w lapio ar gyfer y cwsmer, sylwodd bod ei law'n crynu'n afreolus.

Yr un munud, trawodd y cloc mawr oedd yng nghornel bellaf y siop bump o'r gloch. Trodd Bethan a Gwen at ei gilydd, y ddwy wedi dychryn. Roedd bws Baeheli yn mynd!

Pennod 11

Er gwaetha'r ffaith bod y glaw yn pistyllio i lawr, bod eu gwalltiau'n socian a'u dillad yn wlyb diferol, roedd Bethan a Gwen yn llawn cyffro. Roedden nhw wedi cerdded drwy'r strydoedd ac allan i'r wlad ar lôn Baeheli gan siarad pymtheg yn y dwsin bob cam o'r ffordd. Doedd dim gwahaniaeth bod milltiroedd o gerdded o'u blaenau ac y byddai Nain ar bigau'r drain yn aros amdanynt. O'r diwedd, roedden nhw wedi darganfod rheswm am dristwch y ferch ar y trên.

"Yr hen Gerwyn 'na sy wedi dwyn ei modrwy hi!" meddai Bethan yn bendant wedi i'r ddwy chwilio'u pocedi a methu â chael deg ceiniog i ffonio Nain a Taid.

Roedd yn gas gan Gwen orfod cytuno. Roedd Gerwyn i'w weld yn ddyn mor garedig ond, wrth gofio fel y crynodd ei law wrth iddo gydio yn y fodrwy, roedd yn rhaid iddi hithau gyfaddef ei fod yn ymddwyn yn debyg iawn i leidr. Ac wrth frysio drwy'r glaw a thrafod a thrafod, daeth yn amlwg mai'r unig gam y gallent ei gymryd oedd chwilio am gyfle i ddweud wrth y ferch.

"Wedi'r cwbl," meddai Gwen. "Mae'r fodrwy gan yr Americanwr rŵan a fedrwn ni'n dwy ddim mynd ar ei ôl o. A go brin y basai'r heddlu'n ein credu ni. Ond os gwneith y ferch ddweud wrth yr heddlu, mi fedran nhw rybuddio'r porthladdoedd a'r meysydd awyr rhag i'r fodrwy fynd o'r wlad."

"Ac mi fedran nhw restio'r hen Gerwyn 'na,"

ychwanegodd Bethan yn filain. "Arno fo mae'r bai 'i bod hi mor drist. Mae'n rhaid bod y fodrwy'n bwysig iawn iddi hi. Efallai mai ei chariad hi ..."

"Taw, wir!" Doedd Gwen ddim am i'w chwaer ddechrau malu awyr eto. "Mae'r stori'n ddigon trist heb i ti ramantu."

Yn sydyn, daeth sŵn car yn arafu ac yn aros wrth eu hochrau. Plygodd y gyrrwr drosodd i agor y drws.

"Wyresau bach Mrs Jones. Rôn i'n meddwl 'mod i'n eich 'nabod chi," meddai llais clên Mrs Williams, Cae Mawr. "Dewch i mewn o'r glaw, genod bach. Wedi colli'r bws rydych chi?"

Dim ond am eiliad y petrusodd y ddwy. Roedden nhw wedi'u rhybuddio, wrth gwrs, i beidio â derbyn lifft gan ddieithryn ond roedd Mrs Williams yn 'nabod Nain ac yn byw ym Maeheli. Ac roedd y glaw'n wlyb iawn, iawn.

Wedi i Bethan setlo yn y sedd flaen a Gwen yn y sedd gefn, taniodd Mrs Williams yr injan.

"Roedd hi'n brysur iawn yn y dre, yndoedd?" meddai gan gadw'i llygaid ar y ffordd seimllyd.

Gwelodd Bethan ei chyfle.

"Mae llawer o ymwelwyr o gwmpas," meddai. "Y ... oes rhywun yn aros ar ei wyliau efo chi?"

Tynhaodd gwefusau Mrs Williams yn llinell gul ac ysgydwodd ei phen heb ddweud dim. Am sbel, bu'r tair yn ddistaw yn edrych ar y glaw'n tasgu ar y ffordd ac ar bendiliau'r ffenest yn symud yn ddi-baid. Ond doedd Gwen ddim yn hoffi aros yn ddistaw'n hir a phenderfynodd fentro holi am rywbeth arall. Pwysodd ymlaen nes bod ei gên bron â chyffwrdd ag ysgwydd Mrs Williams.

"Y ... Mi fuon ni'n hel mwyar duon y diwrnod o'r blaen ac mi welson ni adfeilion hen fwthyn yn y coed heb fod ymhell o'ch tŷ chi."

"O ia, bwthyn Lisi Meri." Roedd Mrs Williams yn glên unwaith eto. "Mae Twm, fy ngŵr i, wrthi'n clirio'r tir o'i gwmpas o. Mi fydd yn dymchwel y bwthyn hefyd cyn hir. Mae o am drio gwerthu'r safle i rywun adeiladu tŷ arno fo."

"Ond does 'na ddim ffordd yn mynd yno!" Roedd Bethan wedi troi yn ei sedd i edrych yn anghrediniol ar Mrs Williams.

"Roedd 'na ffordd drol ers talwm ond bod mieri wedi tyfu drosti erbyn hyn. Mater bach fasai'i chlirio hi. Mi fydd yn chwith gen i weld yr hen fwthyn yn cael ei chwalu hefyd. Mae 'na ryw ramant yn perthyn i'r lle, yndoes? Ond fedrwch chi ddim fforddio bod yn sentimental y dyddiau yma."

Wel, dyna ni, meddyliodd Gwen gan bwyso'n ôl yn ei sedd a syllu drwy'r ffenest heb weld dim. Dyna ni'n gwybod cynlluniau Mr Williams ond dydyn ni ronyn nes at ei rwystro fo rhag difetha'r bwthyn. Ac mae'n amlwg nad ydi Mrs Williams ddim am ddweud dim am y ferch wrthon ni.

O'r diwedd, safodd y car o flaen y siop a daeth Nain allan i ddiolch i Mrs Williams ac i hanner dwrdio'r merched am golli'r bws. Doedd Nain ddim yn un dda am ddweud y drefn.

"Gawsoch chi ddiwrnod da?" holodd gan eu hebrwng i'r tŷ a gwneud iddynt dynnu'u dillad gwlyb.

"Ewch i gael bath rŵan ac wedyn mi gewch chi lond dysgl o lobscows. Mi awn ni i Gorwel i weld y Capten ar ôl swper, os leciwch chi."

Ond wedi socian am hydoedd yn nŵr chwilboeth y bath a mwynhau'r lobscows a'r bara ffres, teimlai Gwen yn ddiog, braf.

"Ewch chi," meddai pan welodd Nain a Taid a Bethan yn estyn eu cotiau. "Mi fydda i'n iawn."

A dweud y gwir, roedd ganddi reswm arall dros fod eisiau aros gartre. Roedd hi'n nos Fercher ac roedd hi bron yn siŵr y byddai Mam yn ffonio heno. Byddai'n braf clywed ei llais eto.

Ond fel yr âi yr amser heibio, dechreuodd deimlo'n edifar iddi aros ei hun. Cerddodd i'r cyntedd i edrych ar y ffôn ugeiniau o weithiau ond chanodd o ddim. Ac roedd y tŷ'n teimlo'n wag ac yn unig.

Fyddan nhw ddim yn hir, meddyliodd, gan geisio ysgwyd yr unigrwydd oddi arni. Rhaid imi wneud rhywbeth yn lle meddwl. Dringodd i'r llofft ac estynnodd gwpwrdd bach Lisi Meri oddi ar silen y ffenest. Eisteddodd ar y gwely a thynnodd y droriau bach allan i'w hedmygu cyn eu hailosod yn ofalus. Ond wrth iddi wneud hynny, sylwodd bod un drôr yn fyrrach na'r gweddill er bod blaen pob un yr un maint. Rhyfedd, meddyliodd, gan godi'r cwpwrdd i'w astudio'n fanylach. Oedd, roedd darn bach o bren ar draws un o'r bylchau gwag ar gyfer y droriau. Mae'n rhaid bod lle y tu ôl iddo ... Daliodd ei gwynt a gwthiodd y darn pren bach â'i bys. Roedd yn rhydd! Gan weithio'n araf a gofalus, llwyddodd i gael ei hewin uwch ei ben a'i dynnu o'i le. Y tu ôl iddo, roedd lle gwag ac, yn y lle gwag, roedd darn o

felfed coch wedi'i lapio'n dynn. Gydag un bys, tynnodd Gwen y melfed tuag ati ac, wedi'i godi i'w llaw, aeth ati i'w ddatod yn ofalus.

Wedi'i rhwymo yn y defnydd roedd modrwy aur. Syllodd Gwen mewn penbleth ar y garreg las a befriai yn ei llaw.

Pennod 12

"Mae hi'n debyg iawn ond dydi hi ddim yr un fath yn union."

Craffodd Gwen ar y fodrwy oedd ar fys Bethan ac, am eiliad, teimlodd yn flin iawn efo'i chwaer fawr. Cyn gynted ag y daeth Bethan a Nain a Taid i'r tŷ, roedd hi wedi amneidio ar Bethan i'w dilyn i'r llofft gan ddweud wrth Nain eu bod eu dwy am fynd i'r gwely'n syth. Wrth gwrs, pan welodd Bethan y fodrwy roedd wedi gwirioni'n lân ac wedi mynnu'i gwisgo gan ddal ei llaw yn yr awyr a'i hedmygu'i hun yn y drych.

"Wnei di wrando yn lle dangos dy hun?" meddai Gwen rŵan yn flin. "Mae'r garreg yn las fel modrwy'r ferch ar y trên ond mae 'na gerrig bach gwynion – diamwntiau, rydw i'n meddwl – o gwmpas y garreg fawr ar y fodrwy yma. Rydw i wedi cael amser i feddwl ac rydw i'n siŵr mai modrwy Lisi Meri ydi hi – yr un ffraeodd hi efo'i chariad ynglŷn â hi. A dyna pam ... wyt ti'n gwrando, Bethan?"

Daliai Bethan i sefyll o flaen y drych yn troi y ffordd yma a'r ffordd acw gan ddal ei llaw wrth ei thalcen fel actores mewn drama sâl. Ond pan sylweddolodd bod gan Gwen rywbeth pwysig i'w ddweud, daeth i eistedd ar y gwely wrth ei hochr.

"Dyna pam beth?"

"Dyna pam bod rhaid inni beidio â dweud wrth *neb* ein bod ni wedi dod o hyd iddi hi. Os deudwn ni, mi fydd yn rhaid inni'i rhoi hi i Mr Williams, Cae Mawr – fo etifeddodd bethau Lisi Meri i gyd."

"Ond fedrwn ni mo'i chadw hi!"

"Mi fedrwn ni'i chadw hi am dipyn ac mi fedrwn ni hysbysebu am gariad Lisi Meri a dweud yn yr hysbyseb bod gynnon ni rywbeth gwerthfawr iawn iddo fo. Os daw o yma, mi fedr o rwystro Mr Williams rhag chwalu'r bwthyn. Wyt ti'n deall?"

"Sut medrwn ni hysbysebu? Does gynnon ni ddim pres."

"Rydw i wedi meddwl am hynny hefyd. Mi werthwn ni'r cwpwrdd bach 'ma i'r Gerwyn 'na – dyn y siop greiriau."

"Y lleidr?" Edrychodd Bethan yn syn.

"Dim ots am hynny." Roedd Gwen yn benderfynol o berswadio'i chwaer i dderbyn ei chynllun. "Wedyn, mi fydd gynnon ni bres i hysbysebu. Mi awn ni i'r dre fory."

O'r diwedd, cytunodd Bethan. Mewn gwirionedd, roedd hithau mor frwd â Gwen dros achub y bwthyn a'r goedwig. Tynnodd y fodrwy oddi ar ei bys a'i lapio'n ofalus yn y felfed coch.

"Mi *fedren* ni'i chadw hi," meddai gan edrych ar y bwndel bach yn hiraethus. "Mae hi'n gweddu'r dim i mi."

Ond doedd gan Gwen ddim amynedd i wrando. Roedd ei chynllun cyffrous yn llenwi'i meddwl. O, gobeithio y down ni o hyd i'r cariad, meddyliodd. Ac yna, wrth setlo i gysgu, cofiodd rhywbeth arall a chafodd y teimlad du, gwag eto. Roedd hi wedi aros yn y tŷ drwy'r gyda'r nos ond doedd Mam ddim wedi ffonio.

* * *

Gwawriodd bore trannoeth yn glir ac yn gynnes ac, am unwaith, rhoddodd Nain ei throed i lawr.

"Mae hi'n rhy braf o lawer i fynd i'r dre heddiw," meddai. "Mi gewch ddigon o gyfle i wneud hynny eto. Ewch allan y bore 'ma i gael dipyn o awyr iach."

Teimlai Gwen yn siomedig. Roedd hi ar bigau'r drain eisiau cael gwerthu'r cwpwrdd a gosod hysbyseb yn y papur. Ond unwaith yr aeth hi allan i'r haul, cododd ei chalon. Roedd yr awyr yn las a digwmwl ac roedd popeth yn edrych yn ffres ac yn newydd ar ôl glaw y diwrnod cynt.

Crwydrodd y merched yn hamddenol draw i dŷ Sioned ond eglurodd ei mam ei bod hi wedi mynd i aros efo ffrind am ychydig ddyddiau.

"Biti hefyd," ychwanegodd. "Mi fasai hi wrth ei bodd yn dod i'r traeth efo chi heddiw."

Wedi i fam Sioned gau'r drws, edrychodd Bethan a Gwen ar ei gilydd. Roedd hi'n hen ddigon braf i fynd i lan y môr ond roedd lle arall yn eu tynnu. Gwyddai Gwen bod ar Bethan, fel hithau, ofn gweld llanast y jac codi baw yn y goedwig ond, er hynny, roedd atynfa'r llecyn yn gryf.

"Mae'n well cael gwybod na dychmygu," meddai a nodiodd Bethan gan gychwyn cerdded i fyny'r stryd i gyfeiriad yr eglwys.

Siaradodd y merched fawr wrth groesi'r caeau ond, wedi cyrraedd y gamfa, safodd y ddwy a gwrando. Roedd y lle'n hollol dawel. Wedi dringo drosodd i'r tir gwyllt, gwelsant bod y jac codi baw wedi'i barcio ar y tir gwastad wrth y nant, yn agos iawn at ardd y bwthyn. Y tu ôl i'r adfeilion ac o'u blaen, yr ochr yma i'r nant, roedd darn mawr o dir wedi'i glirio – bonion coed yn sefyll yn unig yma ac acw ac olion teiars mawr i'w gweld yn y pridd moel, mwdlyd.

Rydyn ni'n rhy hwyr, meddyliodd Gwen, ond roedd y bwthyn yn sefyll o hyd ac, heb ddweud dim, prysurodd y ddwy i lawr ato.

Wedi cyrraedd y llwybr bach a arweiniai o'r nant at y drws, safodd Gwen yn stond.

"Bethan," meddai'n syn. "Edrych ar y lintel. Y cerfiadau 'na. Doedden nhw ddim yno o'r blaen."

Syllodd y ddwy mewn rhyfeddod. Ar y lintel uwchben y drws roedd calon fechan wedi'i cherfio ac, yn y galon, roedd y llythrennau – L.M. a G.

"Mae'i hysbryd hi wedi bod yma," sibrydodd Bethan yn gryg. "O! Gwen, dwyt ti ddim yn gweld? Y ferch yna ydi ysbryd Lisi Meri. Mae'n siŵr mai Cae Mawr oedd ei chartre hi – dyna pam y gwelaist ti'i hwyneb hi yn y ffenest. A dyna pam mae Mrs Williams yn gwadu'i bod hi yno. Efallai nad ydi hi ddim yn ei gweld hi."

Wyddai Gwen ddim beth i feddwl. Crwydrodd yn ffrwcslyd o'r ardd at lle'r oedd y jac codi baw wedi clirio dipyn o'r mieri. Yna, yn sydyn, daliodd ei gwynt a phlygodd i godi rhywbeth oddi ar y llawr.

"Edrych, Bethan!" galwodd ar ei chwaer. "Hen gi tsieni. Mae o wedi torri ond mae'i ben o'n gyfan. Ac rydw i'n siŵr, yn berffaith siŵr, ei fod o'n bartner i'r ci welson ni yn siop Creiriau Gerwyn!"

Pennod 13

Chwiliodd Gwen yn wyllt o gwmpas ei thraed. Roedd hi'n benderfynol o gael pob darn o'r ci tsieni.

"Tyrd i helpu, Bethan," galwodd yn ddiamynedd ar ei chwaer. "Rydw i wedi'i gael o bron i gyd."

Ond roedd Bethan yn dal i sefyll yn edrych ar y galon fechan a'r llythrennau ar y lintel, yr olwg freuddwydiol wirion ar ei hwyneb.

"Mae hi wedi marw ers hanner can mlynedd," meddai yn ei llais meddal, storïol, "ac mae hi'n dal i hiraethu am ei chariad. Mi ddaeth hi'n ôl neithiwr i gerfio ar y llechen 'ma. Edrych! Mae'r cerfiadau'n newydd sbon ..."

Tawodd ar ganol brawddeg wrth i Gwen roi bloedd fuddugoliaethus.

"Rydw i wedi cael y darn olaf! Tyrd yn dy flaen, Bethan. Mi awn ni i ofyn i'r Capten ei drwsio fo inni. Tyrd!" meddai wedyn wrth weld nad oedd ei chwaer wedi symud. "Mae hyn yn bwysig, yn bwysicach o lawer na dy hen 'ysbryd' gwirion di. Os ydi'r ddau gi – yr un yn y siop a hwn – yn bartneriaid, mae'n bosib mai cariad Lisi Meri werthodd y ci i Gerwyn. Hen ŵr tlawd ddeudodd o, os wyt ti'n cofio!"

"Dwyt ti ddim yn gwybod mai Lisi Meri oedd biau'r ci tsieni. Rhywun o'r pentre daflodd y darnau, fwy na thebyg."

Roedd golwg flin ar Bethan a gwyddai Gwen ei bod

wedi pechu trwy wneud hwyl am ben yr 'ysbryd'. Gwyddai hefyd y gallai berswadio'i chwaer trwy lunio stori ramantus am y ci, ond doedd ganddi mo'r amynedd i wneud hynny. Roedd hi wedi blino gwastraffu amser yn swcro Bethan.

"Mi â i fy hun 'ta," meddai dros ei hysgwydd wrth gychwyn ar garlam i fyny'r llethr i weld ei hen-daid.

Roedd Capten Mathews yn eistedd ar y sedd lechen ar y cowt carreg yn mwynhau gwres yr haul a chafodd Gwen deimlad cynnes, braf wrth ei weld yn gwenu croeso arni.

"Dy hun rwyt ti, 'mechan i?" holodd. "Beth sy gen ti yn fan'na?"

Cymerodd y darnau tsieni o'i dwylo a gwrandawodd yn astud arni'n dweud yr hanes.

"Medra, mi fedra i 'i drwsio fo," meddai o'r diwedd. "Fydd o byth yn berffaith eto, wrth gwrs. Ond mi wna i y gorau medra i. Faswn i ddim yn meddwl ei fod o'n bartner i'r ci welaist ti yn y siop 'chwaith."

Ond roedd Gwen yn siŵr ei bod yn iawn. Biti na fydden ni'n gwybod mwy o hanes Lisi Meri a'i chariad, meddyliodd. Ac yna, cafodd syniad sydyn. Wrth gwrs! Pam na fyddai wedi meddwl ynghynt?

"Capten," meddai gan neidio ar ei thraed. "Rydw i am fynd i weld Mrs Thomas, yr hen wraig sy'n byw drws nesa i Nain a Taid. Mi fu Bethan a finnau'n ei holi hi o'r blaen ac mae hi'n gwybod mwy na neb am hanes yr ardal 'ma. Rydw i am fynd i'w holi hi am Lisi Meri."

"Dyna ti." Gwenodd yr hen ŵr arni. "Tyrd ti'n ôl heno i nôl y ci 'ma. Mi fydd yn barod erbyn hynny."

Rhuthrodd Gwen fel corwynt i lawr y ffordd i'r

pentref heb sylwi ar na glesni'r môr na'r tywod euraid, glân oddi tani. Cyn pen dim, roedd hi'n curo ar ddrws Mrs Thomas. Cafodd groeso gan yr hen wraig, oedd yn falch o gwmni bob amser, a'i thywys i eistedd wrth y tân. A phan holodd am Lisi Meri cafodd ateb digon parod.

"Ydw, rydw i'n cofio'n iawn. Un golygus oedd ei chariad hi – tal, main efo gwallt du, du a llygaid tywyll hefyd. Roedd o'n un llawn hwyl ond bod ganddo fo dymer. Fel matsen! Yn debyg iawn i Lisi Meri – un wyllt oedd hithau."

"Ac mi wnaethon nhw ffraeo am ei bod hi wedi colli'i modrwy?" Pwysodd Gwen ymlaen yn ei sedd. Roedd gwres y tân yn llosgi'i chluniau ond doedd hynny'n poeni dim arni. Roedd hi ar fin cael gwybod y stori i gyd.

"Do."

Syllodd Mrs Thomas i'r fflamau. "Hen beth bach gwirion i ddifetha bywydau pobl, yntê? Rydw i'n cofio'r diwrnod yr aeth o i ffwrdd – rôn i'n digwydd bod yn y goedwig yn hel coed tân. Roedd Lisi Meri'n gweiddi arno fo nerth esgyrn ei phen – yn tafodi am ei fod o'n mynnu mynd â rhai o'r pethau efo fo. Mi dynnodd hi hen gwpwrdd bach o'i freichia fo, rydw i'n cofio'n iawn. Ac mi driodd hi dynnu'r ddau gi tsieni hefyd ond mi syrthiodd un i'r llawr a malu'n racs. Ac wedyn ..."

Syllodd Mrs Thomas i'r fflamau eto. Feiddiai Gwen ddim symud rhag iddi dorri ar atgofion yr hen wraig. Ond roedd un cwestiwn roedd yn rhaid iddi'i ofyn ac wedi rhai eiliadau o ddistawrwydd fedrai hi ddim dal mwy.

"Mrs Thomas," meddai'n ddistaw. "Beth

ddigwyddodd i'r ci arall, yr un cyfan?"

Trodd yr hen wraig lygaid pell tuag ati.

"Y ci arall?" holodd yn syn. "O wn i ddim. Mi drois i am adre wedyn. Dôn i ddim eisiau busnesu."

Pennod 14

Teimlai Bethan a Gwen yn betrus ac yn nerfus. Roedden nhw'n sefyll ar y pafin y tu allan i siop Creiriau Gerwyn yn syllu drwy'r ffenest – Gwen yn eiddgar er gwaetha'i nerfau ond Bethan yn ddrwgdybus iawn, iawn. Yn nwylo Bethan, roedd bag a ddaliai gwpwrdd bach cerfiedig Lisi Meri. Daliai Gwen fag arall ac ynddo'r hen gi tsieni wedi'i drwsio'n daclus gan y Capten ac, yn ei phoced, wedi'i lapio'n ofalus yn ei melfed coch, roedd modrwy Lisi Meri.

Roedd y ddwy wedi cael trafferth i berswadio Nain i adael iddynt ddod i'r dref ar y bws y bore 'ma. Roedd hi'n awyddus iawn iddynt dreulio'u gwyliau yn mwynhau bod yn y wlad ond doedd hi ddim yn medru gwrthod dim iddynt yn hir.

"I ffwrdd â chi a mwynhewch eich hunain," meddai o'r diwedd ac er iddi godi'i haeliau wrth eu gweld yn cario'r bagiau o'r tŷ, wnaeth hi ddim holi.

A dweud y gwir, roedd Gwen wedi cael dipyn o drafferth i berswadio Bethan i ddod efo hi. Roedd ei chwaer fawr yn dal yn amheus iawn o Gerwyn a doedd stori Mrs Thomas drws nesaf wedi gwneud fawr o argraff arni hi pan gafodd yr hanes gan Gwen.

"Mae hwn yn syniad hollol ddwl," meddai rŵan gan ddal i syllu drwy ffenest y siop. "Dydyn ni ddim yn gwybod bod y ddau gi'n bartneriaid. Dydyn ni ddim yn gwybod aeth cariad Lisi Meri â chi efo fo ai peidio. A dydyn ni ddim yn gwybod fedrwn ni ymddiried yn y Gerwyn 'ma."

Agorodd Gwen ei cheg i brotestio ond yna ailfeddyliodd a chychwynnodd am ddrws y siop gan dynnu stumiau wrth glywed Bethan y tu ôl iddi yn dweud,

"Paid â sôn gair wrtho fo am y fodrwy, cofia! Rhag ofn iddo fo'i dwyn hi!"

Roedd hwyliau da ar Gerwyn er ei fod yn dal i edrych yn lluddedig a chafodd y merched groeso iawn. Roedd yn llawn edmygedd o'r cwpwrdd bach a rhwbiodd ei fys yn feddylgar dros y llythrennau yn y galon.

"Cyd-ddigwyddiad rhyfedd," meddai'n drist. "G. ydi llythyren gyntaf fy enw i ac L.M. ydi llythrennau rhywun ... rôn i'n arfer ei hadnabod."

Edrychodd Gwen arno. Roedd hi'n anodd iawn meddwl bod hwn yn lleidr. Roedd hi'n siŵr bod rheswm da pam y bu modrwy'r ferch ar werth yn ei siop a bu bron iddi â dweud rhywbeth am fodrwy Lisi Meri. Ond cafodd bwniad egr yn ei hochr gan Bethan ac aeth ati'n frysiog i ddangos y ci tsieni i Gerwyn.

"Wel, dyna beth rhyfedd eto," meddai yntau'n syth. "Dowch imi weld yn iawn. Ydi wir! Mae hwn yn bartner i'r ci sydd gen i ar y silff acw. Mae'r marc ar ei waelod yn dangos hynny."

Gwenodd Gwen yn fuddugoliaethus ar Bethan a rhuthrodd i adrodd stori Lisi Meri. Roedd Gerwyn yn llawn diddordeb.

"Mae'n bosib eich bod chi'n iawn," meddai wedi iddi orffen. "Mi brynais i'r ci gan hen ŵr. Dydw i ddim yn cofio'i enw fo ond rydw i'n gwybod ble mae o'n byw – dydi'r tŷ ddim ymhell o'r stryd yma. Gwrandwch! Mae hi bron yn amser cinio. Mi wna i gau'r siop ac mi â i â chi yno. Iawn?"

Doedd Bethan ddim yn rhy awyddus i fynd yng nghar dyn a allai fod yn lleidr ond chafodd hi ddim cyfle i brotestio. Derbyniodd Gwen y cynnig yn syth. Roedd hi ar bigau'r drain eisiau gweld cariad Lisi Meri ac roedd hi'n gwybod yn iawn bod rhamant y sefyllfa'n apelio'n fawr at ei chwaer.

Wrth i'r tri deithio yn y car, ceisiodd siarad yn gall â hi'i hun. Wedi'r cwbl, efallai nad oedd y cariad wedi mynd â'r ci o'r goedwig. Efallai mai'i brynu yn yr arwerthiant pan fu Lisi Meri farw a wnaeth yr hen ŵr ac nad oedd unrhyw gysylltiad rhyngddo a'r llecyn yn y coed. Ond O! roedd hi'n gobeithio'i bod yn iawn. Dyma'r unig obaith oedd ganddynt o rwystro Mr Williams, Cae Mawr, rhag difetha'r lle.

Trodd Gerwyn y car i stryd gul, flêr yr olwg. Roedd drysau'r tai'n agor yn syth i'r pafin a phan arhosodd y car wrth rif pump, sylwodd y merched bod y paent ar y drws a'r ffenestri wedi hen gracio a bod defnydd y llenni'n denau ac yn dyllog.

Dilynodd y merched Gerwyn o'r car ac, wedi iddo guro'r drws, arhosodd y ddwy'n eiddgar i weld pwy a'i hagorai. Aeth munudau heibio ond, ymhen hir a hwyr, daeth sŵn traed yn llusgo'n araf, sŵn bolltau'n cael eu tynnu'n ôl. Agorodd y drws a safai hen ŵr yno. Roedd ei gefn wedi crymu ond roedd yn hawdd gweld ei fod yn ddyn tal. Ac er bod ei wallt yn glaerwyn, roedd ei lygaid yn dywyll, dywyll.

"Dyn y siop greiriau, ia?" holodd mewn llais crynedig gan blygu ymlaen i weld yn well.

"Ie," atebodd Gerwyn. "Mae'n ddrwg gen i, dydw i ddim yn cofio'ch enw chi."

"Geraint Morris. Ond mae arna i ofn nad oes gen i ddim byd mwy i'w werthu."

Teimlai Gwen fel bloeddio dros y lle. Feiddiai hi ddim edrych ar Bethan rhag i'r cyffro ar ei hwyneb ddychryn yr hen ŵr. Geraint! G! Hwn oedd cariad Lisi Meri!

Pennod 15

"Mi wylltiais i. Mi gollais i fy limpyn yn lân ac mi waeddais i nad oedd hi ddim yn haeddu modrwy gan ei bod hi mor flêr efo'i phethau. Mi wylltiodd hithau wedyn, wrth gwrs, a'm galw i'n bob enw dan haul. Ac roedd y fodrwy yn y cwpwrdd bach drwy'r amser!"

Eisteddai Gwen, Bethan a Gerwyn ar gadeiriau caled, rhad yn stafell ffrynt Geraint Morris, yn gwrando ar ei atgofion. Er bod yr haul yn tywynnu'r tu allan, roedd y stafell yn dywyll ac yn oer. Ond yn ei gadair wrth y grât wag, edrychai'r hen ŵr fel pe bai'n sefyll yn yr haul. Yn ei feddwl, roedd yn ôl yn y bwthyn efo Lisi Meri a disgleiriai'i lygaid wrth iddo sôn amdani.

"Roedd hi mor ddel!" meddai. "Ac rôn innau'n gwirioni arni hi. Ond roedd gynnon ni'n dau dempar. Dyna oedd y drwg."

Edrychai Bethan fel pe bai ar grio. Doedd hi erioed wedi clywed stori mor rhamantus. Ond roedd ar Gwen eisiau gwybod y manylion i gyd.

"Sut aeth y fodrwy i'r drôr?" meddai'n uchel er mwyn i Geraint Morris ei chlywed yn iawn.

"Wn i ddim," atebodd yntau gan ysgwyd ei ben yn drist. "Efallai bod Lisi wedi'i rhoi hi yno ac wedi anghofio wedyn. Neu efallai'i bod hi wedi syrthio i'r lle gwag o un o'r droriau eraill. Dowch imi weld."

Cydiodd yn y cwpwrdd a'i droi yn ei ddwylo tenau. "Oes, mae un o'r droriau ucha'n llac. Mae lle i rywbeth ddisgyn ohoni. Dyna ddigwyddodd, mae'n siŵr. Tydi rhywun yn wirion yn ffraeo am bethau mor fach?"

Ochneidiodd yr hen ŵr a syllodd o'i flaen yn llonydd, ei feddwl ymhell yn y gorffennol.

"Chi biau'r cwpwrdd a'r fodrwy rŵan," mentrodd Gwen ymhen hir a hwyr.

"Nid y cwpwrdd. Chi piau hwnnw. Mi brynodd eich hen-nain o mewn arwerthiant, yndo? Ond am y fodrwy ... Wel, ia. Mae'n debyg mai fi biau honno. Rhoi'r fodrwy yn ôl i'r dyn mae merched wrth dorri dyweddïad, yntê?"

"Y ... Ia." Am ryw reswm, edrychai Gerwyn yn annifyr. "Mae hi'n fodrwy werthfawr erbyn hyn, Mr Morris. Os ydych chi am ei gwerthu hi ...?"

"Na." Cydiodd yr hen ŵr yn y fodrwy ac er bod ei lais yn crynu swniai'n benderfynol iawn. "Wna i mo'i gwerthu hi. Ddim nes bod rhaid."

Erbyn hyn, roedd Gwen hefyd yn teimlo dagrau'n pigo'i llygaid. Roedd hi'n gwybod mai gadael yr hen ŵr efo'i atgofion fyddai garedicaf ond fedrai hi ddim mynd oddi yno heb ofyn am ei help.

"Mae Mr Williams, Cae Mawr – nai Lisi Meri – yn clirio'r goedwig," eglurodd, "ac rydyn ni eisiau'i stopio fo cyn iddo fo ddifetha'r lle. Fedrwch chi ...?"

"Na." Unwaith eto, roedd ateb Geraint Morris yn bendant. "Fedra i wneud dim, mae arna i ofn. Cae Mawr oedd cartref Lisi, rydych chi'n gweld. Ei thad hi oedd biau'r tir a hi oedd biau'r bwthyn. Does gen i ddim hawl arno fo o gwbl."

* * *

Fu dim sgwrsio yn y car ar y ffordd yn ôl i'r siop greiriau. Yn amlwg, roedd Gerwyn, fel y merched, yn pendroni dros yr hyn a ddywedodd yr hen ŵr. Wedi parcio'r car o flaen y siop, symudodd o ddim o'r tu ôl i'r llyw am funud.

"Dydw i ddim am agor y siop y pnawn 'ma," meddai'n sydyn. "Mae ... y ... roedd gen i gariad ond mi ffraeon ni am beth bach gwirion. Mae hi'n byw yn Llundain ac rydw i am ddal trên i fynd i'w gweld hi. Peth ofnadwy ydi gadael i ffrae fach, ddwl ddifetha'ch bywyd chi. Dowch efo fi i'r orsaf i godi llaw ac i ddymuno'n dda imi."

Cytunodd y merched. Roedd hyd yn oed Bethan, erbyn hyn, wedi cynhesu at Gerwyn ac yn gorfod gwneud ymdrech i'w hatgoffa'i hun ei bod yn ei amau o fod yn lleidr. Yr un peth oedd ar feddwl Gwen.

"Rydw i'n siŵr bod rhywun arall wedi dwyn y fodrwy a'i gwerthu hi i Gerwyn," cynigiodd pan oedd y merched yn eistedd yn y car yn aros i Gerwyn hel ei bethau. Doedd Bethan ddim mor siŵr ond chafodd hi ddim cyfle i ateb. Y munud hwnnw, rhuthrodd Gerwyn o'r tŷ a neidio i'r car i yrru'n wyllt drwy'r dref.

"Mi ffoniais i'r orsaf," eglurodd, "ac mae trên yn mynd ymhen deg munud."

Swniai'i lais yn hollol wahanol – yn llawn asbri a brwdfrydedd – ac roedd yr olwg luddedig wedi symud o'i lygaid.

"Mae o'n hapus am ei fod o'n mynd i wneud ffrindiau efo'i gariad," meddai Gwen wrthi'i hun. "O biti na fasai Mam a Dad wedi cael clywed stori Geraint Morris."

Sgrialodd y car i faes parcio'r orsaf. Neidiodd

Gerwyn ohono a rhedodd fel mellten am y bwth tocynnau a'r merched yn dynn ar ei sodlau. Roedd trên newydd ddod i mewn ac roedd yn rhaid i'r tri wibio rhwng y bobl oedd yn gadael yr orsaf. Trawodd Gwen yn ddamweiniol yn erbyn braich dynes oedd yn cario cês a safodd yn stond i edrych arni a'i llygaid yn pefrio.

"Mam!" meddai. "Rwyt ti wedi dod!"

Pennod 16

Eisteddai Gwen yn ei chell fach ar silen ffenest y llofft. Er mai'n gynnar gyda'r nos oedd hi a'r haul yn dal i dywynnu'r tu allan, roedd hi wedi cau'r llenni'n dynn y tu ôl iddi hi er mwyn cael llonydd. Teimlai'n gymysglyd ryfedd. Roedd hi'n sobor o falch bod Mam yn y gegin i lawr y grisiau yn sgwrsio efo Nain ond fedrai hi ddim peidio â phoeni amdani. Edrychai'n flinedig ofnadwy a phan holodd y merched am Dad, wnaeth hi ddim ateb yn iawn, dim ond mwmial ei fod yn rhy brysur i ddod i Faeheli. A'r noson gynt, ar ôl iddi ffonio Taid i'w nôl hi a'r merched o'r orsaf, doedd ganddi fawr o sgwrs. Aeth i'w gwely'n gynnar gan gwyno bod ganddi gur yn ei phen ond wnaeth hi ddim cysgu. Yn oriau mân y bore, bu Gwen yn gorwedd yn effro yn gwrando arni'n troi a throsi am y pared yn y llofft nesaf. A rŵan, yn ei chell fach, teimlai Gwen lwmp mawr yn ei gwddf wrth feddwl am Geraint Morris a Lisi Meri'n ffraeo am byth.

Gwasgodd ei dwrn yn erbyn ei cheg i'w rhwystro'i hun rhag crio a cheisiodd feddwl am rywbeth arall. Roedd cofio am Geraint Morris yn gwneud iddi deimlo'n gymysglyd hefyd. Roedd hi'n falch ei fod wedi cael ei fodrwy'n ôl ac y byddai ganddo i'w gwerthu pe deuai'n fwy llwm arno. Ond roedd deall na allai'u helpu i rwystro cynlluniau Mr Williams, Cae Mawr, yn siom ofnadwy. Y bore hwnnw, ar ôl brecwast, roedd hi a Bethan wedi mynd draw am dro at y bwthyn ac wedi dychryn gweld bod y jac codi baw yn nes fyth at yr adfeilion. Roedd un o waliau'r ardd wedi'i chwalu, y llŵybr bach wedi diflannu a'r hen goeden rhosod porffor a blannodd rhywun mor ofalus rywdro wedi'i sathru i'r baw.

"Awn ni byth yno eto," meddai Gwen wrthi'i hun rŵan. "Fedrwn ni wneud dim a, phrun bynnag, beth ydi'r ots? Dim ond hen fwthyn ydi o. Does neb arall yn poeni am y peth."

Ond roedd *hi*'n poeni. Teimlodd y dagrau'n cronni wrth feddwl am y llecyn tawel yn cael ei ddinistrio. Mae rhywun arall yn poeni hefyd, meddyliodd yn sydyn. Y ferch. Rydw i'n siŵr bod bwthyn Lisi Meri'n bwysig iddi hi – mi aeth hi yno i grio ar ei phen ei hun. O, pam bod pawb mor drist? Hyd yn oed Gerwyn ac yntau mor hapus yn cychwyn am Lundain ddoe.

Y pnawn hwnnw, roedd y merched wedi mynd i'r dre efo Mam ac wedi cael sioc o weld bod Gerwyn, yn ôl yn y siop.

"Dydi fy nghariad i ddim wedi bod yn ei fflat yn Llundain drwy'r wythnos a does neb yn gwybod ble mae hi," eglurodd pan aeth y merched i mewn i holi. "Mi ddaeth hi yma ddydd Sadwrn diwetha. Roedd hi i fod i aros efo fi ond roedden ni wedi ffraeo ar y ffôn cyn iddi gychwyn. Mi ffraeon ni eto bron yn syth wedi iddi gyrraedd ac mi gymrais i 'i bod hi wedi mynd yn ôl i Lundain. Does gen i ddim syniad sut i ddod o hyd iddi hi."

"Mae pawb yn drist," meddai Gwen wrthi'i hun rŵan wrth gofio'r poen yn llygaid Gerwyn. "Mae Bethan a finnau wedi colli'r frwydr i achub y bwthyn a dydyn ni ddim mymryn nes at ddatrys dirgelwch y ferch. A dydi Mam a Dad yn ddim mwy o ffrindiau nag roedden nhw yn Sbaen, mae'n amlwg."

"Gwen!" Daeth llais Bethan o waelod y grisiau i dorri ar ei meddyliau. "Mae Nain eisiau inni bicio â chylchgronau i Mrs Williams, Cae Mawr. Mae hi wedi anghofio galw amdanyn nhw a fydd y siop ddim ar agor tan ddydd Llun. Mi ddaw Mam a Nain a Taid i'n cyfarfod ni i Gorwel wedyn."

Clywodd Gwen sŵn traed yn rhedeg i fyny'r grisiau a daeth ei chwaer i mewn i'r llofft.

"Tyrd!" hisiodd gan agor y llenni a thynnu Gwen oddi ar y silen. "Mae'n gyfle inni gael gwybod mwy am ysbryd Lisi Meri. Efallai na fydd hi ddim yn ymddangos rŵan gan fod ei modrwy hi'n ddiogel."

"Nefoedd! Rwyt ti'n malu awyr! Carcharor oedd hi i ddechrau ac ysbryd rŵan!"

Ond dilynodd Gwen ei chwaer heb rwgnach llawer. Wedi'r cwbl, roedd mynd am dro yn well nag eistedd yn synfyfyrio.

* * *

Y tro hwn, roedd drws Cae Mawr yn llydan agored ac, wrth ei gyrraedd, rhoddodd y merched ochenaid o ryddhad. Roedden nhw wedi llwyddo i groesi'r buarth heb weld na Mr Williams na'i gi. Estynnodd Gwen ei llaw i guro ar y drws ond, yn sydyn, tynnodd yn ôl. O rywle yng nghefn y tŷ, daeth llais Mrs Williams yn galw,

"Lowri Mair! Amser swper!"

A'r munud nesaf, daeth merch i lawr y grisiau oedd

gyferbyn â'r drws agored. Y ferch fu mor garedig wrthynt ar y trên! Roedd hi'n dal i edrych braidd yn drist ond roedd awyr iach y wlad wedi rhoi gwrid ar ei bochau.

"O, mae hi'n ddel!" meddai Gwen wrthi'i hun. "Ac o'r diwedd rydyn ni'n gwybod ei henw hi. Lowri Mair."

Ac yna, fel fflach o oleuni neu glychau'n ganu, syrthiodd y darnau i'w lle yn ei meddwl. Camodd ymlaen i gyfarfod y ferch ar waelod y grisiau.

"Lowri Mair," meddai. "Chi ydi cariad Gerwyn, yntê?"

Pennod 17

"*Chi* gerfiodd y llythrennau ar lintel bwthyn Lisi Meri – L.M. a G. – Lowri Mair a Gerwyn."

Pwysodd Gwen ymlaen dros fwrdd cegin Cae Mawr ac edrychodd yn syth i lygaid y ferch a eisteddai gyferbyn â hi. Nodiodd y ferch ond doedd ar Gwen ddim angen neb i ddweud wrthi'i bod yn iawn. Roedd yr holl stori'n glir fel grisial yn ei meddwl.

"Mi ddaethoch chi o Lundain i weld Gerwyn ddydd Sadwrn diwetha," aeth yn ei blaen. "Ond roeddech chi wedi ffraeo ar y ffôn ac, yn ystod y daith ar y trên, mi benderfynoch chi dynnu'ch modrwy'n barod i'w rhoi yn ôl iddo fo. Am beth ffraeoch chi?"

Sylwodd bod Bethan yn gwgu arni a gwyddai'i bod yn ddigywilydd iawn yn gofyn y fath gwestiwn. Ond roedd yn rhaid iddi hi gael gwybod.

"Roedden ni'n methu'n lân â phenderfynu ble i adeiladu tŷ." Gwridodd y ferch wrth ateb. "Roedden ni'n dau eisiau byw yn yr ardal yma – rôn i'n gobeithio cael gwaith yma. Ond roedd Gerwyn eisiau byw wrth y môr ac rôn i eisiau byw yng nghanol coed. Hen ffrae fach, ddwl."

"A pheth ofnadwy ydi gadael i ffrae fach, ddwl ddifetha'ch bywyd chi – dyna ddeudodd Gerwyn." Bethan oedd yn siarad rŵan.

"Mae hi'n gweld ei chyfle i gael rhan yn y stori trwy ddod â'r ddau at ei gilydd," meddai Gwen wrthi'i hun yn flin. "Ond cheith hi ddim. Fy stori i ydi hon."

A brysiodd i ddweud cyn i'w chwaer gael cyfle,

"Mi aeth o i Lundain ddoe i chwilio amdanoch chi. Roedd o'n siomedig ofnadwy nad oeddech chi ddim yno."

"Wir?" Neidiodd Lowri Mair ar ei thraed. "Mi â i i'w weld o rŵan. Y munud yma. Mi ga i fenthyg y car, caf Anti Lis?"

Gwenodd Mrs Williams arni a rhuthrodd y ferch o'r tŷ heb oedi i ffarwelio.

"Mae Lowri Mair yn nith i mi." Trodd Mrs Williams at y merched i egluro. "Roedd hi'n torri'i chalon pan ddaeth hi yma nos Sadwrn diwetha ac mi wnaeth imi addo na fyddwn i ddim yn dweud wrth neb ei bod hi yn aros efo ni. Roedd hi eisiau llonydd i ddod ati'i hun meddai hi. Mae'n ddrwg gen i fy mod i wedi gorfod dweud celwydd wrthoch chi, genod bach."

Gwenodd y ddwy ar y ddynes glên oedd wedi bod mor driw i Lowri Mair. Biti bod ei gŵr hi'n hen ddyn blin, meddyliodd Gwen. Rydyn ni wedi datrys dirgelwch y ferch a'r 'ysbryd' ond dydyn ni ddim nes at achub bwthyn Lisi Meri.

Clywodd sŵn cadair yn crafu ar y llawr. Roedd Bethan wedi codi ar ei thraed ac yn siarad efo Mrs Williams.

"Mi ddown ni i'ch gweld chi eto," meddai. "Ond rhaid inni fynd rŵan. Tyrd, Gwen. Rydyn ni wedi addo cyfarfod Mam yn Gorwel."

Tawedog iawn fu'r ddwy chwaer wrth gerdded ar hyd y ffordd drwy'r pentref ac i fyny am Gorwel. Gwyddai Gwen bod pen Bethan yn llawn o syniadau rhamantus a'i bod yn brysur yn dychmygu'r olygfa pan fyddai Gerwyn yn agor ei ddrws i weld Lowri Mair ar y trothwy. Teimlai hithau'n falch iawn mai iddi hi roedd y diolch bod y ddau'n dod at ei gilydd eto ond fedrai hi ddim yn ei byw ysgwyd y pryder am fwthyn Lisi Meri o'i meddwl.

Roedd y Capten yn eistedd ar ei sedd lechen yn rhwbio rhywbeth efo papur gwydrog.

"Edrychwch!" meddai pan welodd y merched. "Rydw i bron iawn â gorffen y cwpwrdd bach."

Cafodd y ddwy fodd i fyw wrth weld fel roedd pob drôr yn ffitio'n daclus i'w lle ac fel roedd ochrau a blaen y cwpwrdd wedi'u haddurno â cherfiadau cywrain.

"Dim ond un peth sydd ar ôl rŵan." Gwenodd yr hen ŵr ar y pen tywyll a'r pen melyn oedd wedi plygu dros ei waith. "Beth rydych chi am imi'i gerfio ar ben y cwpwrdd? B. a G.? Bethan a Gwen?"

"Na," atebodd Bethan yn syth. "Rhowch L.M. a G. eto. Mi fydd dau ffrind inni'n falch o'i gael yn anrheg priodas."

Adroddodd yr hanes a gwrandawodd y Capten yn astud. Ond teimlai Gwen ei meddwl yn crwydro. Pwysodd yn ôl yn erbyn y ffenest a mwynhaodd deimlo y llechen yn gynnes dan ei chluniau. Roedd hi mor braf a diogel yma ar gowt carreg Gorwel. Doedd y lle wedi newid dim er pan oedd Nain yn hogan fach. Biti bod rhaid i bethau newid, meddyliodd. Biti bod bwthyn Lisi Meri'n cael ei chwalu a bod Mam a Dad yn wahanol efo'i gilydd rŵan.

Yn sydyn, eisteddodd i fyny'n syth. Roedd Bethan yn dal i siarad wrth ei hochr, yn dweud stori Lowri Mair wrth y Capten. Ond roedd hi'n siŵr ei bod yn clywed lleisiau eraill hefyd. Moelodd ei chlustiau. Oedd, roedd rhywun yn dringo'r ffordd am y tŷ. Edrychodd i gyfeiriad y giât a gwelodd bedwar o bobl yn troi i mewn i'r ardd. Pedwar. Mam a Nain a Taid a ...

"Dad!" bloeddiodd a rhedodd fel y gwynt i'w thaflu'i hun i'w freichiau. Cydiodd yntau ynddi a'i chodi i'r awyr.

"Sut mae fy hogan fach i?"

Cyrhaeddodd Bethan a chafodd hithau glamp o gusan. Ac yna gosododd Dad Gwen i lawr a rhoddodd ei fraich am ysgwyddau Mam oedd yn gwenu'n fodlon.

"Rôn i'n unig yn Llundain," meddai. "Roedd gen i hiraeth amdanoch chi'ch tair."

Estynnodd Capten Mathews gadeiriau i bawb gael eistedd yn yr haul ac edrychodd Gwen o'i chwmpas yn hapus.

"Mae Mam a Dad yn deall ei gilydd yn well," meddai wrthi'i hun. "Hen ffrae fach, ddwl oedd hi, mae'n rhaid ac mae'n siŵr na fydd hi mo'r ffrae olaf. Ond tasai bwthyn Lisi Meri'n cael ei achub, mi faswn i'n ddigon bodlon."

A'r munud hwnnw, trodd dau arall drwy giât Gorwel a neidiodd y merched ar eu traed i groesawu Lowri Mair a Gerwyn ac i gyflwyno pawb i'w gilydd.

"Roedd Mrs Williams, Cae Mawr, yn dweud mai yma basech chi," eglurodd Gerwyn, "ac roedd yn rhaid inni gael dod i ddiolch i chi."

"Ac mae gynnon ni newyddion da i chi," ychwanegodd Lowri Mair gan edrych yn annwyl ar y merched. "Rydyn ni wedi penderfynu prynu bwthyn Lisi

Meri a'r goedwig – mae f'ewythr wedi cytuno. Mi fydd yn rhaid inni chwalu'r bwthyn ond mi adeiladwn ni un arall tebyg iddo fo. Ac mi wnawn ni adael i'r coed a'r rhedyn dyfu'n ôl. Mi fyddwn ni'n byw yng nghanol y coed *ac* wrth ymyl y môr. Mi fyddwn ni'n dau'n hapus wedyn!"

"Byddwn," cytunodd Gerwyn. "Ac os ydych chi'n fodlon, mi hoffen ni brynu'r ci tsieni y daethoch chi o hyd iddo fo yn y coed. Mi geith fod efo'i bartner ar y silff ben tân ar ôl inni ailadeiladu bwthyn Lisi Meri."

"Fydd y lle ddim yr un fath yn union," meddai Gwen wrthi'i hun, "ond mi fydd o mor agos i berffaith ag y medr o fod."

A chan wenu'n fodlon dringodd ar y sedd lechen a gwasgodd ei hun i'r lle bach, cul rhwng Mam a Dad.